U0513786

大业三年，其王多利思比孤遣使朝贡。使者曰："闻海西菩萨天子重兴佛法，故遣朝拜，兼沙门数十人来学佛法。"其国书曰："日出处天子致书日没处天子无恙"云云。帝览之不悦。

——《隋书·倭国传》

自
序

　　本书收录了日本与大陆，尤其是与中国的关系史相关的随笔式论文六篇。昭和十七年秋，正是我在《京都新闻》上连载《倭寇的本质与日本的南进》之时，星野书店的主人对该文情有独钟，再三请求该文能否于次年在其书店单行出版。经不住主人的恳恳，接受了这番美意，于是在旧稿的基础上增删补订，终于凑成了现在这个模样。

　　《留唐外史》一题，不用说是对《留东外史》的模仿，事实上是加上了大量的想象写成的，我觉得历史学家深入历史人物的内心世界，复原历史的真相，这并不是一件坏事。

　　很久以来我就关注到了倭寇的活动中心不断向南移动这一现象，在对这一现象进行分析的过程中自然而然形成的一些心得，写就了《倭寇的本质与日本的南进》一篇。这个话题原本是应该写成学术论文的，然而，一旦以随笔的形式在报纸上连载以后，再想要把它改写成学术论文，这比想象的要困难得多。又考虑到尽可能让更多的人阅读，因此，在收进本书时，除个别地方略有增删外，其他则几乎照录，只是将写作素材的文献史料附于文末以供参考。

《江户时代的中国情趣》是在京都大学主办的文部省成人讲座上的部分讲稿基础上改写的。这次讲演原本非常通俗，实际上没有做多少准备，不过是选取了德富苏峰翁《日本国民近世史》、村松梢风氏《日本画人传》、胁本乐之轩氏《平安名陶传》等几种现存的书籍作为话题的材料，但其中也有些自己独到的见解。

《雷之所以被称作天神》是一个民俗学领域的题目。之前我就曾经思考过日中两国民俗的问题，这一篇是其中的一个话题。

《巴黎刊行的北京版日本小说及其他》，是杂糅了我在国外游学时业余收集的稀见书籍、欧洲出版的古地图，以及旅途见闻等内容的文章，原本只是解闷之笔。但其中所附的古地图如能给研究日本北方开发史的人提供些许参考，则无疑是望外之喜。

最后的《中国的开放与日本》一篇，是我最近一直在思考的问题。历史，如果不从遥远的古代开始说起，就难说会有真正的理解。重读东洋的历史，在这个过程中来思考日本的问题，最终得出的结论就是文中所说的"日本特色的体制"。也许早就有人提出过相同的论点，但是，我是想通过自己的逻辑来演绎令自己信服的结论。

宫崎市定

1943 年春 3 月

于京大文学部东洋史研究室

沐浴在阳光之中

留唐外史

一

这要追溯到距今大约一千一百年前的过去。仁明天皇承和五年（838）六月廿二日，两艘遣唐使船乘风扬帆离开太宰府驶向了大海。① 在遣唐大使、参议右弁兼相模守藤原朝臣常嗣乘坐的第一船上，同时还搭乘了两个学问僧及其随从。这两个僧人都是从比叡山延历寺的僧众中选拔出来的秀才，② 为了钻研天台宗的教义，作为在外研究员，被朝廷派往唐朝学习。这两个僧人中，一个是请益僧圆仁，四十五岁，另一个是留学僧圆载，大约三十岁左

---

① 太宰府，日本平安时代设在筑前国筑紫郡的官厅，作为朝廷的派出机构，主要掌管九州的九国二岛的行政、接待外国使节、守卫沿海及管理与大陆之间的商船贸易等事务，遗址在今福冈县太宰府市。
② 延历寺，位于今京都市东北部的比叡山上，是日本天台宗的大本山。延历四年（785），留唐归国的高僧最澄在此搭建草庵，延历七年（788）创建一乘止观院。最澄圆寂后，嵯峨天皇赐名延历寺。

1

右。请益僧指的是法腊既长，德才皆秀，为释疑解惑而往中国各地巡游请益的高僧，行囊中事先准备了经典疑问三十条。这些疑问是圆仁他们渡唐以前由比叡山僧众圆澄等人收集起来的，由于这些疑问时时困惑着比叡山僧众，长期无法得到圆满解答，因此，这次委托圆仁带往大唐，请求天台山的高僧答疑解惑。留学僧指的是从今往后长期滞留在日本佛教的本家大唐，严格接受中国式佛学训练的年轻僧人。

最初几天，大唐的东海上晴空万里，但可恨的是，行至中途，风云突变，暴风狂澜中，两船失去了联系。经历千难万险，第一船上的学问僧等人终于漂到了大唐扬州海陵县桑田乡东梁丰村，时为中国大唐文宗开成三年七月初二的清晨。当时镇守在扬州的淮南节度使是著名的政治家李德裕，而据说李德裕本人向来就是对佛教没有什么好感的人。八月初一，藤原大使前往藩府面会李德裕，与李德裕商议此后的日程安排，同时请求李德裕为学问僧们签发前往天台山的通行证明。在谈到学问僧的通行证明时，李德裕开始顾左右而言他。经大使的竭力斡旋，李德裕终于答应签发留学僧圆载在大唐内地旅行的许可，而请益僧圆仁必须就此打道回府，不得滞留。

次年的开成四年(839)二月，大使藤原常嗣等人在唐都长安完成朝贺使命后踏上了回国的征途，这时的圆仁，虽然有一百个不愿意，但还是不得不从扬州赶往楚州，在楚州等待搭乘回国的遣唐使船。圆仁在这之前，已经将经典疑问三十条托付给了一起留在扬州的圆载,圆载雇了条小船提前一步前往台州。送别了圆载的圆仁,从扬州赶往楚州与遣唐使会合,准备搭船回国。一路上,柳枝吐芽,春意渐浓,而自己却无功而返,想到这里,圆仁不觉惆怅万千。

但是,圆仁确实是一个非同寻常的人。他突然意识到,自己在大唐的求法巡礼之所以受到阻止,这并不是大唐朝廷的意图,说到底只是节度使李德裕个人的爱憎。于是,圆仁心里暗暗做了决定,遣唐使船驶出淮河口往北还要在中国沿海航行多时,只要船只一离开淮南道的辖区,自己便可带着随从偷偷下船,在大唐国内擅自参拜。在大使的默许下,圆仁以养病为由,在今山东登州界下船登陆,①离开了大使一行,带着几个随从留在茫茫中国大地,开始了一次前途未卜的冒险行动。从此以后,圆仁一行意外地得到了各地官府的许可,参五台,入长安,前后在大唐滞留了十年。

二

与圆仁告别以后的圆载,带着几个随从赶赴台州,在天台山国清寺歇下了脚。众所周知,天台山是天台宗开山祖智颛大师开

① 据圆仁《入唐求法巡礼行记》卷一,开成四年(839)四月五日,圆仁及其随从在海州(治今江苏连云港市)离开遣唐使船登陆潜伏,后经海州官府许可前往登州。

辟的圣地,以国清寺为中心,梵宇栉比,当时常住的僧人多达一百五十人,遇上安居坐夏这样的仪式时,^①从全国聚集而来的僧众可达三百人以上,不愧是天台宗的大本山。圆载入山后,即刻拜访了天台山长老禅林寺的广修及其高足维蠲二师,请求解答圆仁托付的未决三十条。这三十条未决经义,对两位天台高僧来说也有一定的难度,无法当场做出答复。两人经慎重考虑后,各自给出了自己的意见,这就是现存日本的《圆唐决》和《澄唐决》。之所以这样命名,是因为这三十条未决经义是由圆澄提出来的,因此将圆澄的法号拆开,分别冠于两种《唐决》之前。

身在国清寺中的圆载,立志精进中国式的学问,因此首先学习唐语,开始了自己在大唐的学问之路。随着唐语水平的提高,与艰深晦涩的佛理相比,圆载对中国人的生活似乎更感兴趣。当时,日本的僧人大多缺乏教养,动粗、吵架是经常的事,甚至在受戒得道的仪式上还因为座次而大打出手。与日本僧人的这种粗鲁相比,中国不愧为先进国家,僧人们至少在外表上一个个都是庄重高雅,礼貌谦和,对远道而来的外国僧人,或许更多的是出自好奇心,但无一不是亲切善待。在这样的氛围之下,圆载当然也欢喜无比。圆仁与圆载分手时,考虑到自己的巡礼不被许可必须回国,携带的学资看来是用不上了,于是分了一部分给圆载。因此,圆载虽然只是一介留学僧,但却拥有不合其身份的金钱。圆

---

① 安居,梵语 Varsa 的汉译。印度僧侣两期三月间禁止外出,致力坐禅修学,谓之"两安居",又名"坐夏"、"坐腊"等。

载也是一个阔气的主儿,出手不凡,惠及周遭,在同辈中声名鹊起,被捧得飘飘然。

当时,日本的使者、留学生、留学僧等渡海赴唐之际,作为旅费学资,会携带很多奥州出产的沙金。① 大唐的秤比日本的大,日本的三两大致相当于大唐的一两,一两沙金可兑换铜钱七贯五百文,而当时大唐的一斗米售价在六七十文,可想而知,作为学资的沙金在当时是多么值钱。

圆载广交朋友,唐语也讲得非常流利,然而,当时中国佛教界的内里却并不一定道风蔚然。圆载入山后的第五年,也就是大唐武宗的会昌三年(843),另一位参诣天台山的日本僧人圆修就听说圆载近来道行不修,与尼姑有些微妙的关系。曾经是比叡山首屈一指的年轻俊才圆载,没有意识到在繁华的中国文明背后暗藏着许多陷阱,在同辈恶僧的唆使下,陷得越来越深。

真所谓坐吃山空,圆载手头的学资也开始捉襟见肘。圆载决定让随行的僧人仁好回国一次,希望能够再次从祖国获得留学的资助。于是,将广修、维蠲两位大师解答后的《唐决》三十条托付仁好,让其搭乘大唐商人的便船回国。会昌三年,即日本国承和十年年底,仁好回到了长门国,②并随即进京。

先前与圆载在扬州分手、被迫随遣唐使船回国的同门圆仁,中途下船,带着随从擅自巡礼,历经数年,此时已参拜完五台山,

---

① 奥州,日本旧时的陆奥国,相当于今日本东北地区。
② 长门国,日本旧藩国名,位于今山口县西北部。

在长安滞留,并与圆载通过书信取得了联系。与圆载不同,圆仁一路拜访名师大德,学问上大有精进。圆仁与圆载分手时,已将大部分学资给了圆载,因此,一路上几乎无钱可使,好不容易与国内取得了联系,托便船捎来了沙金二十四两,但却被身在港口附近的圆载擅自借走,并很快用尽。因此,在金钱上,圆仁比圆载还要困难。圆仁不得不再次飞信向国内求助,于是朝廷在第二年再次命仁好渡唐,赐予两人沙金各二百两。

三

在中国,会昌这个年号对佛教徒来说是刻骨铭心的。开成五年(840)唐文宗死去,文宗之弟武宗借宦官之力登上帝位,将李德裕召回任为宰相,次年改元会昌元年。会昌二年开始,对佛教的弹压和取缔日紧一日。会昌三年,大规模整理僧籍,长安城中被迫还俗的僧尼多达三千四百九十一人。会昌四年,命各地并废寺院。会昌五年,禁止寺院占有庄田,先命四十岁以下的僧尼全部还俗,后又命五十岁以下的僧尼还俗,最后,虽然是五十岁以上的僧尼,但若无规定的度牒则一律削去僧籍。长安城中,每天被迫还俗的僧尼超过三百人,抗命者以违敕之罪处死,一时间天下骚然。此时的圆仁正在长安城中,亲眼目睹了这场因灭佛而引发的骚乱。终于,废佛的运动波及外国僧人,五月十五日,圆仁带着随从逃离了长安,虑及旅途上可能遇到的危险,他们留长了头发,装成俗人,一路来到了扬州。他们本来是想在扬州等待便船回国的,但官府不许,不得已再次北上,在山野丛林中跋涉千里,历经千辛万苦,于会昌六年年底到达登州。次年的大中元年(847),在这里搭上了新罗商船,终于回到了日本。圆仁前后十年的旅行经历,撰成了《入唐求法巡礼行记》,作为珍贵的史料大放异彩。回国以后,圆仁在日本佛教界的活跃令人瞩目。在圆仁看来,自己的老师,也就是比叡山的开山之祖最澄,他在入唐巡礼天台山时并没有深入接触真言密教,反而是在与自己同船赴唐的弘法大师空海那儿接受了灌顶。此后,比叡山僧侣中的一些优秀学问僧逐渐下山,追随弘法大师学习佛理的现象时有发生,高野山的学问大有超越比叡山的势头。① 而如今,圆仁在唐都长安跟随青龙寺的法全和尚学习了弘法大师都没有学到的真言秘诀《苏悉地大法》,②因此被官府任命为延历寺座主,②他的直系弟子也把持着山门的各种要职,在佛教界确立了牢固的地位,朝廷也对之尊崇有加,盘坐在高高的比叡山顶,大有睥睨当世之势。

大唐武宗的灭佛浪潮一波一波地传到了全国各地,天台山国清寺,以及居住在这里的圆载当然也受到了这股灭佛浪潮的袭

① 日本真言宗创始人空海(774—835)谥号弘法大师,延历二十三年(804)与比叡山僧最澄随遣唐使船来唐,在长安惠果寺密宗。大同元年(806)回日本后,于弘仁七年(816)在高野山创建金刚峰寺,寺位于日本和歌山县伊都郡高野町。
② 座主,日本大寺院的主管僧,统辖寺内事务的最高位僧职,通常奉官命就任于延历寺、醍醐寺、金刚峰寺等寺院。

击。天台山各寺院的僧人大部分被迫还俗,圆载当然也不例外。严峻的灭佛令传到天台山后,或许早就没了向学心的圆载心中反而生出一些快意。他从此下了天台山,在山下的剡县还俗,买了田地,娶了妻室,完全过起了俗世的生活,他的妻子或许还就是先前那个心仪的小尼姑。

天台山北侧是一处四面环山的盆地,剡县就位于这个盆地的中央。这儿也是天台僧人往来歇脚打尖的地方,圆载以前也许就常常溜出山门,下山来到这儿寻欢作乐,似乎是他早就看中了的地方。更令圆载满意的是,这是一座美丽的城市,是一座脱去了乡村气息的时尚城市,指手可见历代名胜古迹,文人墨客的别墅亦随处可寻,而且可供作乐的场所也非常完备。面对此前朝廷特别赏赐的沙金二百两,心中虽然觉得有些过意不去,但此时的圆载已经顾不了那么多了,全部用在了爱巢之上。

然而,横扫大唐四百余州的会昌灭佛,在会昌六年(846)武宗死后,随着其叔父宣宗即位改元大中以后,出现了缓和的迹象。不仅如此,新天子还向来归心佛教,即位后不久即拨乱反正,恢复了毁弃的寺院,被迫还俗的僧尼们也再次削发,重穿僧衣。这下子圆载可就麻烦了,虽然再次剃光了脑袋上了天台山,但自由无拘的俗世生活又令他欲罢不能,于是便过起了僧俗双重生活,人生被分成了两部分,一份用在天台山的青灯黄卷上,另一份则用在剡县的卿卿我我上。要想过好快乐的俗世生活,金钱是最重要的。虽然备受良心的折磨,但他还是天真地向本国提出了增加学资的要求。随从僧仁好带着圆载的上书，同时又随便带了些所谓的贡品，在大中元年与圆仁先后回到了日本。圆载在上书中请求朝廷能够准许他在大唐修学时间再次延长几年，朝廷还真的答应了，而且理由还很充分。用朝廷的话来说就是：大凡是人，无不恋慕乡土，若非求法之心笃厚，岂堪长年远游？圆载不顾风潮艰险，万里献物。朝廷绝非见物而喜，实是其志可嘉。与这一道人世间最值得感恩的诏书一起，沙金一百两通过便船被送到了圆载的手上。拿到诏书和沙金的圆载，其心情之复杂似乎不难想象。此时此刻，圆载的内心也许流露出了这样的心声：我现在更重要的是在身体力行地研究人的生活，与空疏的佛理相比，人如何才能过上有人性的生活，这个问题难道不是更重要吗？

四

在当时日本的佛教界，留唐归来的学问僧备受尊崇，明治年间留洋归来的人根本无法与之相比。入唐求法僧这个光环，一直到死都不会失去光芒，其权威远远超过僧位、僧职。圆仁的同门圆澄学问品德兼备，由于没有入唐的经历，虽然被任命为延历寺的座主，但却压不住比叡山的僧众，因此才派遣自己最信赖的圆仁入唐求法的。圆澄入寂后，圆仁从大唐回到了比叡山，凭借自己在大唐学到的新知识镇住了僧众。圆仁的凌人盛气,给后学之辈树立了榜样,只要是个有心人,谁都会暗暗发誓,一定要像圆仁那样入唐巡礼。其中有一位法号圆珍的学问僧,比圆仁年轻约二十岁,在文德天皇仁寿三年(853),也就是唐宣宗大中七年,终于下定决心渡唐巡礼。圆珍搭乘唐人钦良晖的船渡海,途中遭遇暴风雨,被吹到了琉球,后幸得顺风,在福州连江县靠岸登陆。圆珍从这里沿海岸线北上,在台州湾弃船登岸,直朝目的地天台山国清寺而去。圆珍到了山上,本应住在国清寺的同门师兄圆载却不在,经询问才知道圆载住在越州管下的剡县。圆珍立刻写了封信,告诉师兄自己已经到了天台山。

圆珍虽然性格刚强,但生来第一次出海就遇上了暴风雨,被吓得不轻,加上完全不通唐语,心中甚是不安。随从中有翻译丁雄万,这个人曾经也是圆仁的随从,但他似乎没有正式学过唐语,能讲的一些话也都是在旅行途中现学的,因此心里完全没有底。原本可以依赖的圆载却怎么也不回信,没办法,圆珍只得每天在天台山上默默地巡礼塔寺。直到这一年的年底,圆珍终于收到了圆载的回信,信中说十二月十四早上到国清寺。

对于圆载来说,同门师弟圆珍从遥远的故乡来到大唐,当然想见上一面,但这事对圆载而言又是莫大的叨扰。在剡县享受着世俗生活的圆载眼中,圆珍的这次入唐,莫非是国内派来打探自己消息的间谍?圆载越想越不对劲。圆载比圆珍大六七岁,虽然在比叡山上曾邻桌而坐,共习佛理,但不知怎么回事就是喜欢不起来。当时圆珍刚从赞岐来到比叡山时，①一身土气，人又不机灵，但却不知哪儿来的那种自信，甚至坚信自己梦中的言行都是绝对正确的，性格非常偏执，而且学问上又死不认输，这一切都让圆载觉得他是一个不好惹的竞争对手。

圆载一副没心思的样子，在约好的十二月十四日这天清晨赶到了天台山国清寺的山门前。往山门口一看，只见圆珍早在那儿候着自己了，一副等了又等、急得团团转的样子。圆载一看到圆珍那尖头尖脑的样子就不舒服，身上的穿着一如往昔，一个地道的乡巴佬，非常寒碜。想到竟有这样一位本国人来到国清寺，不觉得背上发冷，腋下流出了冷汗。

更令人不可思议的是，走近一看，与往日那个咄咄逼人的圆珍完全不同，此时的圆珍眼眶里满含眼泪，像是要伸过手来抱住自己一样。圆载本能地往后退了一步，双眼环视了一周，生怕被别人瞧见。但圆珍却一点也没有觉察到圆载的举动，大声地用他那难听的乡下话啰啰唆唆地道着阔别之情。圆载的口中不禁漏出了这样一句话：敝衲在中华生活日久，日本话已忘得差不多了。

听到这句话，圆珍的脸色一下子就变了。大大的嘴唇一下子紧闭了起来，稀疏的细眉往上吊起，瞥了一眼圆载，接下来就什么话都没了。圆载心里也感到可笑，怎么，又露出了在比叡山讲堂

---

① 赞岐，日本旧藩国名，位于今四国的香川县，是圆珍的故里。

上那种目空一切旁若无人的天性啦？两个外国僧人相对无语，穿过国清寺的山门，分宿在不同的僧房。

当晚，两人躺在各自的僧房里进入了完全不同的梦乡。圆载心想，圆珍这家伙说到底就是一个乡巴佬，无药可救，即使身在中国这个高品位的华丽社交圈内，他又能怎么样呢？不还是整天孤寂无依无靠吗？

圆珍的想法也彻底改变了，自己不远万里来投奔这个不靠谱的同门师兄，这完全是个错误，从今往后谁都靠不上，只能靠自己。但仔细想一想，圆载这家伙看起来现在手头缺钱，要不今晚睡觉前就那么明目张胆地问是否真的从日本带了五千两沙金来？其实一开始就想分一点给他的，那正好，趁这个机会就给他一点，也好让他那流利的唐语对我的学问起点作用，然后自己就能像老前辈圆仁那样学有所成衣锦还乡啦！

五

从此以后，暂时滞留在国清寺中的两个日僧，看上去与以前并没有什么变化，只是非常普通地交往着。其实，日本国内已经授予了圆载传灯大法师的位号，辞令是托付圆珍带来的。从圆珍手上接过辞令时，圆载这一次真的很高兴，而且是喜形于色。当他听说圆珍为这张辞令的颁发作出了非同寻常的努力时，顿时伏倒在地,再三表示了感谢。在此后的一段时间里,圆载似乎也恢复了往日的开朗,说出来的日本话也越来越多了。其实对圆载而言,与其说是荣誉令他如此高兴,倒不如说随着辞令一起赐下的黄金更让他高兴。圆载此后的心里关注的是圆珍这次到底带来了多少钱,并不停地向随从僧人探听消息。圆载的这些举动不用说很快便传到了圆珍的耳里,圆珍也有了戒备。圆珍与圆载不同,对金钱没什么感觉,平时也很少用钱,至于手头到底有多少钱自己也不十分清楚。圆载总觉得这是随圆珍而来的翻译丁雄万告的状,因此开始到处散布丁雄万的坏话。

两个日僧之间也时不时地说些话,但一谈到学问,已经完全堕落的圆载总是答非所问、不着边际,圆珍心中叹息,怎么连个比叡山上的沙弥童子都不如啊!

开年后就进入了大中八年(854),听说离天台山不远的越州开元寺良谞和尚开讲《法华经》,圆珍决定前往听讲,并劝圆载与其同往。已经对学问完全失去兴趣的圆载哪能听劝?一心想早日回到剡县的家中。圆珍原想通过自己的劝导再次唤起圆载的向学之心,但圆载只当圆珍的话是耳边风。临别前,圆载与圆珍约定等开元寺的《法华》讲完后两人一起去长安,说完便一个人迫不及待地下山回剡县去了。圆珍独自带着随从下山,九月到了越州开元寺,谒见良谞后便加入了《法华经疏》第四卷的讲席。

一转眼便到了大中九年(855)的初春,圆珍想趁着好季节早点离开越州往长安去,但是圆载却迟迟不来。圆珍在焦急的等待之中接到了圆载的来信,信中说自己突然遇到了脱不开身的急事,让圆珍先行出发。圆珍考虑到再等下去天就要热了,途中的体力消耗就会更大,于是在二月底带着随从离开了越州。但没想到在苏州生起了病,无奈之下再一次回到越州休养。进入四月,终于等到了圆载,于是两人做伴一起向长安出发。

途中,两人不停地吵架。已经快要到长安了,就在赤水店这个地方,圆载不知道因为什么又开始暴跳如雷,朝着圆珍口出脏言,大肆辱骂,圆珍只能双目紧闭,衣袖掩口,好不容易才躲过一劫。

五月廿一日,圆珍到达了长安城外。两天前,圆载借口先一步进城安排住宿,就再也没了消息。圆珍不得已在春明门外找了家便宜的旅店住下。圆载不止一次地告诫圆珍,在外千万不要一个人行动,千万不要让人知道你是外国人,圆珍信以为真,自己一个人躲在旅店里不出门,让翻译丁雄万进城打听圆载的消息。丁雄万以前随圆仁来过长安,对这座城市非常熟悉。行走在长安的街头,非常巧,遇见了圆仁的老师青龙寺的法全和尚。法全也记得丁雄万,于是非常客气地把丁雄万请到了青龙寺,好好招待了一场。第二天,在丁雄万的引导下,圆珍谒见了青龙寺的和尚,法全大喜,对圆珍一行关怀备至,甚至连难得一见的秘藏书籍都毫不吝惜地借给了圆珍。

14　　　圆载一个人进城后,自顾自地在崇仁坊找了个旅店住了下来。还有一个叫圆觉的日本留学僧，正好住在青龙寺中，圆珍听说后，便离开春明门外的旅店，搬来与圆觉合住，暂时不考虑与圆载见面的事。在搬来合住这件事上，圆觉在其中费了很大的周折，圆珍对之感谢再三。圆珍觉得自己与这位看似真言宗的圆觉更合得来，远胜同门师兄圆载。圆珍描画曼陀罗时，圆觉也在一旁帮他。

在长安期间，圆珍与圆载一起从青龙寺法全和尚那儿学到了与同门圆仁完全一样的三部大法，即胎藏界和金刚界，外加苏悉地。对圆珍而言，这才是毕生的大愿，渡唐的目标可以说已经基本实现，但圆载又是在一种什么样的心情下学习了这一套秘法的呢？圆珍在后来的述怀中这样写道：圆载不仅不断地打扰自己的学习，还在各处散布自己的坏话，以致引起了非同寻常的误解，不过两个人最终能在一起接受了法全传授的同一秘法，这就够了。至于两人之间的恩怨，只是两人之间的秘密。想到两人都是相互利用对方的短处，这也没什么大不了。为了达到相互的目的，只是自己多忍耐罢了。从天台山见面那天起，一直到长安，虽然历经无数，但哪能全部记得下来呢？

大中十二年（858），圆珍基本完成了预定的学习任务，带着堆积如山的经卷图书乘船回到了日本。这些经卷图书，既有他亲自抄写的，也有省吃俭用购买的。此外，圆珍还带回了一块天台山的土块，传说今天园城寺法明院中的唐土峰就是瘗埋这块土块的地方。

六

　　圆珍回国后,圆载依然留恋中国不愿离去,在剡县享受着与娇妻的日日夜夜。但是,在圆珍离开后的第二年年底,剡县一带发生了一件震惊全国的大事。

　　大中十三年(859)十二月,明州管辖的象山县一个叫裘甫的人举起了反抗朝廷的旗帜,首先攻占了象山县城,恣意抢夺,此后逐渐向西发展,进逼剡县。大中十四年正月,官军与贼军在天台山下鏖战,官军大败,贼军乘势攻占了剡县,并在剡县建立起了根据地。裘甫在这一带召集无赖之徒数千人,在剡县的西边埋下伏兵,一举歼灭了前来镇压的官军。裘甫自称"天下都知兵马使",建年号"罗平",响应者一时达三万人,裘甫将他们分成三十二队,各命将帅。

　　朝廷闻后大惊,任命文武兼备的名将王式为浙东观察使,率兵讨伐。王式率领大军开进越州,眼见贼众势力强猛,常用的方策已无法镇压,于是看中了归降唐朝后被流配到浙东一带的吐蕃、回鹘等蛮族,匆忙将他们召集起来充当先锋,整顿军容,开始讨贼。新组的蛮人部队没有让王式失望,他们英勇善战,屡破贼军,大大挫败了贼军的锐气,尤其是四月在海宁县附近的决战中,摧毁了贼军的主力。贼帅裘甫收拾残兵,退保剡县,王式四面包围,前后大小八十三站,于六月底终于攻陷了剡县,生擒裘甫。贼军也奋力抵抗,直到最后的一兵一卒,尤其是贼军中的女兵,在弹尽粮绝之时,甚至向官军投掷砾石,顽强地对抗到了最后。

一场空前的叛乱不到一年就被彻底平息了,然而,凡是贼军经过的地方,惨不忍睹。贼军每攻占一地,当地的壮丁就被强制当兵,没有作战能力的老弱则被蹂躏杀尽。官军之中,尤其是那些渴血的吐蕃、回鹘等蛮族兵士,暴虐的程度恐怕不会亚于贼军。

在这场动乱中,一直没有圆载及其爱妻的音讯。在如此深重的骚乱中,他们在剡县的爱巢恐怕也难免战火蹂躏,夫妻别离的悲剧完全在想象之中。裘甫之乱平定后四年,竟然有人在唐都长安认出了形影孤单的圆载。

七

清和天皇贞观四年(862),真如法亲王跟随东寺僧人宗叡入唐。众所周知,法亲王是平城天皇第三子,曾经一度被立为皇太子,但因一些事情而入法门,追随弘法大师研习真言奥义,成为大师的十大高足弟子之一。贞观四年是唐懿宗咸通三年,其年九月,法亲王搭乘唐人李延孝的商船顺风抵达了明州。

但不巧的是当时江北运河的要冲徐州发生了兵变,道途危险,法亲王一行不得不在江南等待了一年。咸通四年四月,徐州一带群盗蜂起,攻陷州城,但很快就被镇压下去,一时获得了安宁,法亲王一行也于当年十二月雇了江船沿运河北上。

真如法亲王一行于咸通五年的五月廿一日到达长安,听说圆载此时居住在西明寺,于是即刻被安排到西明寺去见圆载。亲王当时已经六十六岁,通常应该是与友人诗文唱酬,享受风花雪月的隐退生活了,但依然精神矍铄,老当益壮,不惧万里波涛,毅然渡唐,亲王求道的热情,一定会让圆载感到羞愧万分。圆载留唐已经二十六年,当年血气方刚的青年终究难当岁月的风霜,细小的皱纹定已爬满脸颊。

在宗叡的引导下,亲王谒见了青龙寺的法全和尚,接受了法全赠送的三部真言秘法。然而,亲王总感觉到长安一带的风气与自己想象的不一样。只要是日本来客,不管是谁,法全和尚送的都是那一成不变的所谓三部秘法,这样一来,拿到秘法的人也早就没有了那种感动。到了长安后,亲王凭其睿智,对当时中国佛教界的里里外外一眼就看透了。亲王在给三论宗大师法隆寺的道诠律师报平安的书信中这样写道:中国诸德论学甚多,然访问数人质问些许,恐无人能及吾师者,就真言而言,我国已经学者林立,蔚然成风。言外之意是,日本佛教界已然成熟,没有必要再像以前那样不顾性命,不远万里来中国留学了。

好不容易来到长安的法亲王,深感在中国已无良师可求,于是下定决心前往天竺求法,只在长安待了半年就匆匆离去。咸通六年正月,亲王在广州登上了前往印度的海船,踏上了风尖浪高的艰难旅程。不幸的是,在今新加坡附近染疾,于当时的罗越国薨去。亲王之举,千载之后,依然令懦夫奋起。随从亲王渡唐的东寺僧人宗叡,与亲王分手后,携带如山的典籍回到了日本。在宗叡的书目中,著录有《唐韵》和《玉篇》各一部,注明是"西川印子本",可见这两种是成都附近雕版印刷的书籍,这可能是最早传入日本的唐版书籍。

八

真如法亲王、宗叡一行离去以后,长安只留下了圆载孤零零的一个人。想当年,憧憬中国的文明开化,沉溺于新生活,不要故国,甚至连日本话都忘得差不多了的圆载,早已失去了壮年的气血,年逾花甲,朝着古稀而去,望乡之情油然而起,但此时此刻又能怎么样呢?

故国的事情他也有所耳闻。曾经与自己一起离开比叡山、同船入唐的同门师兄圆仁,回国后被尊为大德,坐镇比叡山,草木风靡,山门道俗从其受法者一百五十七人,都下士女蒙其灌顶者一千二百七十一人,贞观七年(865),在上下的哀惜声中迁化,贞观八年被朝廷追谥为慈觉大师,享一世之尊荣。又听说在自己以后入唐的后学圆珍,回国后受到朝野的尊崇,声名不亚于圆仁,朝廷在近江国滋贺郡敕建园城寺供其传法,后又任为延历寺座主,对满山的僧侣发号施令。

　　曾经对圆珍的死脑筋冷嘲热讽的圆载,此时此刻反而觉得圆珍的做法才是正道。情欲是什么?享乐又是什么?只有过去了才会觉得这不过是一场梦幻。尝遍了人世沧桑的圆载,只有一点不死心,那就是后悔没有给自己生活的这个社会带来点什么,就这样厚着脸皮死去了。这时他脑海里浮现出来的,恐怕是真如法亲王那高雅的姿容。与年长自己十岁的亲王的求道热情、风发意气相比,自己追求的东西完全是毫无价值的,自己已是老年这样的借口,只能是自取其辱。

　　圆载晚年的心境是否真的像我们想象的那样?因为没有直接的证据而无法得知。然而有一点是可以证实的,那就是年届古稀的圆载,终于下定决心启程回国。带着自己煞费苦心准备的儒释经典数千卷,于唐僖宗乾符四年(877)离开长安,踏上了归国的征途。唐朝政府还特地赏赐了紫衣以示尊宠。圆载在唐与文人墨客交往甚广,临别之际,友人们纷纷作诗相赠惜别,其中著名文人皮日休的《重送圆载上人归日本国》诗云:

　　　　云涛万里最东头,射马台深玉署秋。

　　　　无限属城为赘国,几多分界是亶洲。

　　　　取经海底开龙藏,诵咒空中散蜃楼。

　　　　不奈此时贫且病,乘桴直欲伴师游。

附记：

《史学杂志》第四十一编第七号上刊登的加藤繁博士《关于入唐留学僧圆载》，虽是讲演录的梗概，比较简略，但我还是饶有兴趣地拜读了。对这个话题感兴趣的看来还不止我一人，《园城寺研究》中收录了大屋德城的《智证大师的入唐求法》一文，其中的一节对此事做了非常详细的考证。另外，志田不动磨的近著《东洋史上的日本》中，关于圆载也做了比较详细论述。我近来有机会再次接触这个问题，并增添了二三史料，完全出于兴趣地写下了此文。对圆载不端行为的详细记载只见于圆珍的游记《行历抄》（《大日本佛教全书·游方传丛书第四》，第510页），看来是这个圆珍，还记下了宗叡想要咒死他的记录。圆珍的记载虽然有些水分，但是，圆载将圆仁托人捎来的沙金占为己有这是事实，再从他虽然机会很多但四十年待在中国不回来，以及朝廷中途停了他的资助金等现象来看，圆载的离谱是不容否定的。正如加藤繁博士所说的那样，圆载的一生就是一出精彩的戏，不，甚至可以说是一部比戏剧还贵重的人生记录」。

　　皮日休之外，陆龟蒙、颜宣等人也留下了赠别诗。唐代诗人奉承人的手段很高明，颜宣的诗中就有这样一句：

　　　　师来一世恣经行

意思是圆载上人无论是学问还是修行都是天下第一。如果诗中写的是真的话，那么，我们可以想象，至少晚年的圆载给人一种遵守戒规、净心修行的风貌。

　　圆载搭乘唐人李延孝的商船，可能是从明州一带驶向大海的。同船的还有曾经随圆珍渡唐的随行僧智聪。然而，这次却遇上了暴风雨,圆载、船主李延孝以及圆载所带的数千卷典籍,全部被大浪吞没沉入了海底。只有智聪好不容易保住了一条性命,漂到了温州海岸,在那里等到了便船回到了日本。智聪将圆载遭遇海难的事情向师僧圆珍作了汇报,圆珍只是淡定地回答了一句:我早已知道,他给我托了梦。圆珍作为天台宗三井派园城寺的开山祖,从比叡山独立了出来,势力不亚于比叡山延历寺,入寂后,朝廷追谥智证大师。他呕心沥血著述的等身之作,以及频频写信向中国求寄的佛典,一直滋润着后世的学术界。

倭寇的本质与日本的南进

中国人将室町时代对中国沿海进行大肆骚扰的日本人群体称作"倭寇",这是非常有名的历史事实。关于倭寇,日本已经发表了许多研究成果,但几乎无一例外地将之视为海盗集团。其实,所谓倭寇,绝对不是以强取财物为目的的强盗集团。

一　明朝的海禁及其背景

明太祖在元末大动乱之际崛起,平定群雄,建立明王朝。在曾经的对手中,有近江苏方面的张士诚和浙江方面的方国珍,天下统一后,张士诚、方国珍的余党逃匿海岛,时常骚扰沿海地区,于是,自洪武四年(1371)以后,朝廷实行了所谓"片板不许下海"的海禁令,在沿海推行彻底的肃清政策。与此同时,朝廷也将海外贸易权收归政府,对海外各国的贸易采取了严密的统制政策。

明太祖及其子成祖时期实行的海禁令规定,将沿海及较近海岛的居民全部内迁,在迁空的土地上屯兵,建立卫所,以防海盗。民众在沿海航行中可以使用单桅的平底小船,但严禁制造和使用双桅以上、船体带龙骨的尖底大船。各国商人如想与明朝通商,必须自备船只来到中国,而且必须携带按有接受明朝册封的朝贡国国王印玺的国书。也就是说,这些商人必须在本国获得作为属国前往宗主国明朝的朝贡使资格,才能到达明朝的港口,然后展开贸易。而且,这样的朝贡贸易在次数、船数、人数上都有严格的限制,对来自日本的朝贡贸易,最初规定是十年一贡,规模限定在两艘船、二百人。

明初,专门负责朝贡贸易的机构市舶司设在太仓的黄渡,由于这里距离都城南京太近,于是不久以后便被分置三处,即今浙江宁波、福建泉州和广东的广州。宁波市舶司专司日本贸易,泉州市舶司专司琉球贸易,广州市舶司则专司南洋各国的贸易。

明朝的这一系列规定,是否真的能将各国的贸易完全控制在政府的手中呢?当然绝对是不可能的。朝贡贸易中对次数、船只数、人数的限定,在国际贸易已经日趋隆盛的当时,无疑是一种贸易抑制政策,这对外国来说是一种对贸易自由的束缚,对明朝本国民众来说无疑也是一种困扰。

看一下《大明律》就可以知道,私自携带物资出海进行贸易者杖一百,携带军器人口等禁物出海贸易者死罪绞,私自贸易且泄漏国情者死罪斩。《问刑条例》中对那些制造双桅以上的大船、携带禁物下海至外国贸易、与海贼结众或引导海贼劫掠者,均要处以极刑。

然而,如此苛刻的规定最终依然无法严格执行,沿海的民众制造双桅以上的大船驶向海外的现象逐渐增多,不仅与外国人展开走私贸易,甚至到达日本或南洋各国进行贸易。另一方面,朝廷的武备也逐渐颓废,因执勤巡逻多有不便,海岛上的卫所逐渐回迁大陆沿海,撤空后的海岛逐渐成为中国人和外国人共同的走私基地。

二 市舶司贸易的演变

为应对来自日本的朝贡贸易,朝廷在今浙江省的宁波设置了市舶司,任命宦官为提举负责具体事务。然而,日本的朝贡贸易十年才一次,因此,市舶司的管理人员大部分时间都应该是闲着的。不过,若遇上明朝新天子即位须遣使庆贺、押送捕获的海盗、护送明朝漂流民回国等特殊情况前往明朝,就不算在十年一次的次数之内了,因此,像足利义满等人那样,[1]就经常利用这样的特权,派出被称作"泛使"的使节前往明朝。

————————

① 足利义满(1358—1408),日本室町幕府第三代将军,1368—1394 年在位。

　　足利义满对日本沿海的居民也颁布了严格的禁令,打击和取缔海盗行为,即使如此,中国沿海地区还是时不时地有所谓"倭寇"的出没。不过,这都是些突发性的事件,可能是西日本的地方豪族派出的走私团伙在中国沿海因某些事情与中国官民发生冲突,为泄余愤而付诸暴力而已。将军足利义满满足于与明朝的正规朝贡贸易,而无法获得朝贡贸易份额的地方大名或豪族,①私自派船前往中国沿海,与沿海民众互通有无。

　　后柏原天皇大永三年,②即明世宗嘉靖二年(1523),日本大内氏派遣的朝贡使和细川氏派遣的朝贡使先后来到宁波,③双方互指对方是伪使,提举市舶的宦官接受了细川氏的行贿而偏袒细川氏,大内氏的使节因此大打出手,杀伤中国官员,对周边大肆劫掠,然后抢夺中国船只回国。这个事件通常被视为嘉靖年间倭乱之始,但事实未必如此。其实这也应该算是一件突发性事件,而且紧接着也没有出现倭寇大肆入侵的现象。也有人认为,正是因为这一事件,明朝政府关闭了宁波的市舶司,日本方面正规的朝贡贸易也由此中断,因此商人转身变成了倭寇,这一说法也未必得当。

　　市舶司并没有因这件事而废止,后来的天文八年,即明嘉靖

---

①　大名,日本战国时代,将部分领地分给家臣,统一管辖领地内的独立的领主。
②　后柏原天皇,1500—1526年在位,大永三年即公元1523年。
③　大内氏,日本室町时期统辖周防、长门等六藩国的守护大名,与中国、朝鲜通商贸易,成为日本本州岛西南部地区的一雄。细川氏,室町幕府将军足利氏的支系,是当时有势力的守护大名、领管家。

十八年(1539),日本使节硕鼎和策彦等人入明,出面接待的依然是市舶司。对于上一次日本使团的粗暴,新使团在进京时向有关部门稍事说明即可了事。日本使团在此后的第十年又一次入明朝贡,因此,宁波市舶司的永久性关闭当是此后的事。

市舶司原本是为对公贸易而设置的。日本的朝贡贸易虽然十年才允许一次,但这对室町幕府的将军以及将军近侧的豪族、寺院而言多少都是一种恩惠,而对将军及其近属以外的普通大名、巨商而言,利益几乎无法均沾。而在中国一方,朝贡贸易对政府来说多少是个负担,即使宁波、北京的经纪人能从中获取部分利润,但却满足不了一般民众的意愿。市舶司的存废,对明朝和日本双方来说,其产生的影响都是有限的。因此,即使嘉靖二年真的因那场突发事件而关闭了宁波市舶司,其实也不是什么大不了的问题。

与市舶司的存废与否相比,探讨这一问题的重点,应该放在与朝贡贸易并行的另一种贸易,即中国沿海走私贸易的发展上。

三 走私贸易的根据地

当时的日本和明朝,由于国内的经济状况差异很大,因此,相互之间的贸易能够带来极大的利润。明朝的流通货币是白银和铜钱,而尤重白银,银一两可以兑换铜钱七百五十文。而日本通用铜钱,白银几乎不用,白银一两只能兑换铜钱二百五十文。可见,两国的货币制度有着根本的差异。也就是说,如果持白银一两前往中国,即使只以五百文的价格贱卖,双方也都可以获得二百五十文的利润。如果再用这些铜钱来购买中国商品带回日本销售,那么就能获取巨额利润。例如,在宁波一带,铜钱十贯可以购买生丝十斤,若将之带回日本出售,则可卖出五十贯。因此,日本人完全不必搬运笨重的物产,身上只要携带银块就可以出海贸易了。

室町幕府的将军与明政府之间的市舶司贸易,对两国的民众而言是毫无利益可言的,因此,两国的民众必然会在中国沿海的岛屿上寻找适当的地点进行走私贸易。日本前往这些岛屿从事私人贸易的,基本上都是西部的大名,以及受到这些大名们保护的各地巨商。

中国方面从事走私贸易的,一开始似乎是今江苏、浙江沿海的盐商以及福建沿海的米商。盐商是政府监管下制造或运输、贩卖食盐的巨商,因此能够调动数量较多的劳动力壮丁,也允许拥有大船。盐商们逃避监管、从事食盐走私的现象非常普遍,甚至还在各地安排较多的联络员候探消息。福建一带由于土地贫瘠,大米的产量较低,因此必须从广东或者浙江进行长途贩运。由于当时陆路运输的费用是海运的二十倍,因此,米商们更多地选择海运,乘船往来于浙江各地的大米产地。由于航海有一定的危险性,需要坚固的船只,因此,商人们渐渐突破禁令,开始建造双桅或三桅的大船,政府官员对这样的犯禁似乎也不刻意取缔。福建的官员之所以对这种现象睁一只眼闭一只眼,是因为如果强令禁止的话,民众会陷入饥馑,自己也捞不到油水,更担心的是一旦军队粮饷不供,说不定就会酿成大祸。

利害一致的日、明两国民众,什么时候开始在中国沿海岛屿上建立走私贸易据点的? 这一点不是很清楚。也许从元朝到明朝,这样的活动从来就没有中断过,只是到了嘉靖初年,一个叫作双屿的海岛,因成为走私贸易的基地而名声大噪。

双屿是今浙江省宁波附近象山湾口的一个小岛,位于宁波与福建沿海航线的要冲。如果是日本海船,从博多冲、五岛列岛出航,乘着东北信风,①先到陈钱山,然后循着舟山列岛之间的海路,很容易就能到达双屿。目前所见最早的记载是嘉靖五年(1526),福建人邓獠诱引蕃夷在此建立走私贸易根据地,此后,这里的走私贸易便越来越活跃了。

四 对沿海贸易的取缔

邓獠在双屿建立根据地后,嘉靖十八年(1539)金子老、十九年李光头以及许一、许二、许三、许四兄弟四人纷纷来到这里加入

---

① 东北信风,又称贸易风,从温带的高压带吹向赤道低压带的风,在北半球为东北风,南半球为东南风,一年中风向几乎不变。

了走私活动,葡萄牙人也来到这里,走私贸易一时趋于繁荣。日本人可能从一开始就参与了双屿的走私贸易,天文十二年(1543),最初抵达日本的葡萄牙船就是在双屿的日本人的领航下到达的。天文十四年,一个叫作助才门的日本人前往双屿从事贸易。助才门一名助五郎,是当时一位实力颇强的商人。有人说他是博多人,也有人说他是种子岛人,没有一个定说,其实他也有可能是著名的堺的巨商吕宋助左卫门的先人。[①]

双屿的走私贸易如此昌盛,明朝也不能坐视不管。嘉靖二十一年,宁波知府曹诰尚书朝廷,要求朝廷加以取缔。此时明朝政府指名的通缉犯似乎是邓獠,邓獠于是大怒,于次年寇掠福建,目的可能是为了夺回原籍地被官府扣押的亲戚。

嘉靖二十二年(1543),海道副使张一厚得知邓獠之外尚有许氏兄弟,于是前往讨伐,反而吃了败仗。

许三本名许栋,通常将"栋"写作"栋",这是不对的。许三是兄弟四人中的核心人物,与苏门答腊、马六甲方面的葡萄牙人保持着联系,在日本人中间也有相当的信用。招致日本巨商助才门前往双屿贸易的也是许三,他的会计王直甚至亲自来日本为助才门领航。

中国官府不知是否因为顾虑到了国际关系,在很长一段时间内并没有直接对双屿的贸易根据地下狠手,许二等人也没有在根

---

① 堺,今日本大阪府西南的堺市,室町时代以后,作为与中国明朝和东南亚的贸易港口而繁荣起来。

据地附近进行劫掠。到了嘉靖二十七年(1548),都御史朱纨奉朝廷之命开始对双屿根据地进行剿灭。同年四月,朱纨率大军袭击双屿,李光头被捕获,许栋虽一时逃逸,但六月即被官府抓获。

至此,日本人并没有过多地关注这件事。日本人只是希望能够和平地进行贸易,即使这样的贸易违犯了中国的国法,但这也似乎与日本人无关。因此,在明军与走私成员争斗之时,日本人基本上保持着事不关己的中立态度,只是希望骚乱能够尽早平息,期待着明朝允许日中两国民众自由贸易的日子早点到来。

许栋死后,王直统领了余众。王直也很希望在和平的环境下促进日中民间的贸易往来。他私底下与地方官府进行沟通,揭发朱纨借端生事、残杀俘虏等事实,促使官府将其罢免,要求日本方面交出参与那场骚乱的七个日本人,甚至将自己同党中的暴徒卢七、沈九、陈思泮等人扭送官府。王直这样做的目的,意在通过改弦更张,希望明朝政府能够准许两国民间进行贸易往来,至少是默许这种往来。

五　王直调停的失败

王直也与日本的地方势力达成了谅解,希望出海贸易的日本人不要参与骚乱,希望通过这张王牌来促使明朝政府反思自己的贸易政策,允许民间的自由贸易活动。然而,对王直的建议,明朝当局的意见不一。而且王直本人的力量也有限,他没有能够阻止沈门、谢獠等人对黄岩县的劫掠,致使明朝当局怀疑他的诚意,认为王直才是真正的幕后指使者,并于嘉靖三十一年(1552)下令拘捕王直。王直只有逃亡一条路可走,被明军追得在舟山群岛之间乱窜,最后从列港经长途岛,再经马迹潭,好不容易才逃到了日本的平户。① 最关心王直与明朝当局交涉结果的是日本,为了表示诚意,甚至还交出了参与那场骚乱的日本人。由于浙江沿海处于准战时状态,自嘉靖二十七年(1548)以来就尽可能避开浙江,另在今福建厦门沿海的浯屿设置交易所,耐心地等待着王直与明朝当局的交涉结果。然而,等到的结果却是枪炮相向,王直只身逃往日本。自明军讨伐双屿以来,日本人恐怕也受到了牵连,生命财产的损失可能不计其数,终于再也无法忍耐,在王直的诱导下大肆入寇,这就是嘉靖三十二年(1553)以后的倭乱。

嘉靖三十二年四月,王直及其党羽在日本人的援助下,陷昌海,犯定海,攻海盐,破乍浦,犯杭州,入南汇,犯嘉定,据吴淞,一路蹂躏浙江东西,为王直报了当年的仇。

当初跟王直一起与明朝当局和平交涉的人员中有一位叫徐铨的人,由于是王直的同伙,后来在广东方面被官府捕获。徐铨的侄儿徐海,也在日本人的援助下大肆攻掠,嘉靖三十四年和三十五年(1555—1556),两次大举进寇。参与到这两次进寇中去

---

① 平户,位于日本长崎县西北部,自葡萄牙船进入日本至荷兰商馆移往长崎为止,曾作为贸易港口一度繁荣。

的日本人来自和泉、萨摩、肥前、肥后、津洲和对马,①据说有船千余艘,人五六万。当然,这五六万人中大部分是中国人。只是其中有一个叫作陈东的日本人,都说他是岛津家当家人的弟弟,②这虽然有些奇怪,但他当时受到如此重视,这本身就很值得关注。

世人动辄将倭寇误解为以掠夺为目的的海盗行为,实际上并非如此。他们原来是走私团伙,不是贼。走私贸易,在中国其实是半公开的商业行为,有着悠久的历史,可以说是一种既得权益。中国官府时常对走私贸易进行干涉,加以讨伐,他们的贸易伙伴被拘捕,家庭成员遭连累甚至被投入牢狱。日本商人最初可能只是观望,但一旦意识到既有的权益无法恢复,中国的贸易伙伴又被官府羁押,受到迫害,因此,当有贸易伙伴请求他们出手援助时,便再也无法坐视不管,从而加入到复仇战争中去。这才是倭寇的本质,才是他们的本来面目。两国政府之间的统制贸易无法满足民间的要求,于是民间贸易开始兴起,对民间贸易进行干涉,并从干涉发展到军事讨伐,然后对军事讨伐进行复仇,然后对复仇运动进行援助,经过了这一系列的过程才出现了倭寇。因此,嘉靖以后的大倭寇可以说是一种侠客式的行为,他

---

① 和泉,旧藩国名,相当于今大阪府西南部。萨摩,旧藩国名,相当于今鹿儿岛县西部和甑岛列岛。肥前,旧藩国名,相当于今佐贺县及长崎县的大部。肥后,旧藩国名,相当于今熊本县。对马,今对马岛,属长崎县。

② 岛津家,日本平安时代末期以来九州南部的豪族,镰仓时代岛津忠久任萨摩、大隅、日向三国守护大名后势力大增。战国时代岛津贵久(1514—1571)统一萨摩、大隅两国,成为战国大名。江户时代为萨摩藩主。

们与元朝至明初的小倭寇有着本质上的区别，我们必须认识到这一点。

六　入寇的动机

在我国，即使是那些最进步的少壮派学者，只要提到倭寇，一定都会将之视为远赴中国以抢夺为目的的强盗行为，这又是为什么呢？

如前所述，当时日中之间的贸易利润，一个往来可赚五至十倍。也就是说，将白银从日本带往中国即可赚两倍以上，从中国购买生丝到日本贩卖，又可赚五倍。在这样的情势下，乘船渡海到中国从事贸易，商品资本的比重只占到五分之一到十分之一。换句话说，乘船到中国去掠夺，与出资到中国去购买，两者之间的利润差最多只有五分之一到十分之一。当然，如果日本既没有白银又没有物资，那就另当别论，而事实上并非如此。虽说是日本人，但他们并没有两条命，仅仅是为了五分之一以下的微利，为什么非要铤而走险，不顾性命地与中国官府作对呢？

还有一个就是倭寇入侵的地点问题。翻开地图就可以看得很清楚，倭寇入侵的地点并不只限于海岸，从他们去过的地点来看，与登陆地点之间还有相当的距离。在这些远离海岸的城镇，即使有着丰富的物产可供掠夺,但掠夺来的物产要想顺利地运到港口装船也不是一件容易的事。而且,倭寇在沿海掠夺了一个地点后马上就撤退的情况非常罕见,通常都是一站一站地攻向内地。之所以这么做的理由并不十分清楚,很可能是为了追杀复仇对象或者什么的而采取的行动路线。

嘉靖三十五年(1556)徐海在攻陷乍浦时,待所率之众全部上岸后,徐海下令将乘船全部烧毁,表现出了背水一战的决心。从这些举动中也不难看出,这支夹杂着倭寇的部队,尤其是作为头目的中国人徐海,他们的目的似乎也不是掠夺。他们的军事目的,或许在于捕获官僚,用来交换被官府羁押的家人或同党。不管怎样说,他们绝不是为了直接掠夺财宝才举兵的。与他们共同行动的日本人也一样,他们的目的也绝不是掠夺,他们只是出于哥们儿义气,参与了遭受官府迫害的中国同类的复仇运动中去而已。当然,在可能丢失性命的战争状态下,掠夺财宝、穷凶极恶的事情都会发生,但这毕竟是第二义的目的,而不是最根本的目的。中国的史料记载中列举了倭寇的各种各样的暴行,但都不过是常套词句的罗列,这些记载要么是地方武官向中央请求援兵时的申诉,要么就是夸耀自己武功的自誉,夸张造作的痕迹非常明显,也许中国民众所说的"宁遇倭贼,毋遇客兵,遇倭犹可避,遇兵不得生","白日剽掠,昏夜则污渎妇女"才是真实的情况。倭寇绝不是以中国民众为敌的。我这样说绝不是想抹杀中国方面既有的记载,只是希望大家不要不加怀疑地全盘接受。

倭寇是战争的天才。有中国内地人做向导,对地理形势又非常了解,总能够通过伏兵的战术以寡敌众,尤其是日本刀的使用出神入化,让胆小的明朝官兵闻风丧胆。据中国方面的记载,倭人的刀法天下无敌;看到张着八帆的船只,中国人就知道那必定是日本人的船,因此故意将八帆译成破帆等,不一而足。

七 贸易根据地的南进

如前所述,倭寇是中国民众向贪官复仇的战争帮手,绝不是受利益驱使,事实上,日本人通过战争而获取利益几无可能。那些倭寇在中国出了一臂之力回到日本后,他们都会说"做客回来了",可见他们确实受到了中国同伙的热情接待。历史记载上虽然看不到,但可以想象,他们回国时肯定也会接受同伙们赠送的很多土特产品,而且受邀去中国时乘坐的可能是中国的船只,回国时乘坐的船只也很可能是分得的战利品。但是,他们回国时出资购买中国物产,这一点是确实的。并且他们还以中国船或西洋船为样板,在日本制造了大型的船只,促进了造船技术的大踏步发展。

任何时代,战争的消耗都是极大的。倭寇炽盛时期的日本人,虽然在一种无法逃避的困境中与中国官府作战,但其本心还是希望能够早日实现和平的民间贸易。嘉靖二十七年（1548）浙江方面的战争打响后，日本人将贸易的重点转移到了福建方面的浯屿，在那里开辟了新的根据地。嘉靖三十二年（1553）前后开始，广东方面的南澳岛更是成为隐蔽的根据地。此后，日本人便前往浯屿、南澳岛附近的漳州一带贸易，甚至不顾路途遥远前往广东进行贸易。即使在浙江方面的王直得到日本人的援助，与明朝军队作战期间，日本人还是南下浯屿、南澳，在相对和平的环境下继续着他们的走私贸易。

浯屿位于厦门湾内，虽在福建省内，但距离广东省不远。南澳岛虽然在广东省的管辖下，但却是距离福建省最近的岛屿。将走私贸易的地点放在两省交界处是最有利的，福建官府前来讨伐则可以逃入广东避难，同样，广东官府前来讨伐，又可以逃入福建避难。这样做不仅对走私商人来说非常便利，对前来讨伐的官兵也很有利，只要你快快地逃走，官军既可以减少战争带来的危险，又有了出兵讨伐的胜利成果。

浯屿也好，南澳岛也好，在这里参与贸易活动的除日本人外，还有葡萄牙等人。南澳岛原本是有居民的，明初因海禁居民被迁往内地，成为一座空岛，此后，日本人来到这座岛上。岛的中部有一个海湾，四周环山，风平浪静，非常便于船舶停靠。日本人每年四月乘着东北风行船至此，建立市场，一直交易到五月底。在这一个多月中，岛上建起了临时的门面，门前的木板上写满了交易的商品名称。日本人向来做事很讲究，中国的相关记录中称这些店铺都非常清雅。停泊在附近的船上为防备突发事件而备有刀枪。到了五月底,不管商品是否卖完,都必须乘西南风离开南澳回日本。

日本人在福建、广东开辟新的贸易基地,其目的只是想避开中国的官宪,继续他们的自由贸易。嘉靖三十四年(1555),在周鸾的引导下,日本人甚至还扮成葡萄牙人往广东贸易,可见当时东方人中或许已经出现了基督徒。这一事实也表明,他们的目的完全是贸易,除买卖外没有任何他意。另一个事实是,嘉靖三十五年,徐海因其叔父在广东被官府拘捕,曾想兵锋南下劫掠广东。但日本商人反对其南下,不希望他与广东官府作对,力图维持福建、广东方面的现状。在日本商人的劝谕下,徐海只得作罢,在浙江方面来回烧杀。

八　骚乱中心移向闽粤

尽管日本人非常希望在和平的环境中继续他们的贸易活动,然而,他们的希望还是破灭了,浯屿、南澳的贸易场地不久也遭到了中国官府的弹压。嘉靖三十七年(1558),谢二、董二等中国商人在南澳岛与日本商人进行交易时,官兵蜂拥而至,生擒谢二、董二等人,因此丧命的日本人恐怕也不在少数。从此,倭寇骚乱的中心从浙江移到了福建、广东二省,日、明两国民众和平的贸易场所也一下子变成了寇盗的巢穴。

嘉靖三十七年之中,严山老侵犯福建,许西池劫掠福建和广东;三十八年,洪天泽寇扰福建;三十九年,洪西池、萧雪峰、张琏等人暴虐福建、广东;四十年,谢老在福建境内来回抢掠,类似的事件频频发生。这些原来不为人们所知的强梁,一个个都以海岛为根据地伺机劫掠大陆沿海地区,让官兵焦头烂额。

嘉靖朝以后,在接下来的隆庆至万历年间,倭乱逐渐平息。关于倭乱的平息,中国史书将之归功于将军胡宗宪、俞大猷、戚继光等人的平倭灭倭,但事实恐非如此。说到底,所谓倭寇,只是参与明朝民众反抗官宪运动中去的一股势力,报仇行动一旦结束,再行侵寇也就失去了它的必要。

倭寇的暴行绝不是一种营利行为,当然也不是日本人乐意这么做。日本人最终还是希望在和平的环境下从事通商贸易。因此,浙江方面的贸易受到阻止以后就南下福建、广东,福建、广东方面也无法贸易以后,那就只能重新寻找别的天地。

在这前后,葡萄牙人在澳门建立了贸易根据地,这里的贸易活动也因此日盛一日。澳门之所以后来成为葡萄牙的殖民地,它的性质与先前日本人在双屿、浯屿、南澳岛开辟的走私贸易根据地非常相似,只不过是中国官府对澳门的葡萄牙人与中国人的走私贸易在一定程度上采取了默许的态度而已。中国官府之所以会转变态度,应该是吸取了前些年在浙江、福建方面武力取缔走私贸易的经验和教训,认识到在一定程度上默许中国人和外国人之间的自由贸易才是最安全妥当的。日本人也将目光集中到了澳门,加入了澳门贸易的行列。在这里,不仅可以交易中国物产,还可以采购到大批的南洋物产。日本人还按自己的语音习惯将"澳门"翻译成"天川",所谓"天川船"的天川,指的就是澳门。

既然已经到了澳门,那么从澳门再往南走就是安南、占城、暹罗、爪哇等国,自由贸易的门户一下子就大开了。再者,在回程的海路上还有台湾,中国的民众逃过了政府的监管,在这里猬集,往南即可达到吕宋诸岛。避开中国官府的弹压,能够自由地与中国人进行交易,没有比这个更令人满足的了,因此,倭乱的平息,其根本原因在于中国沿海地区走私贸易的消失。

九 海 市 之 争

说真的,明朝政府真的是在给自己找麻烦。在与外国的贸易中,规定一定要在中国的港口进行,一定要乘坐本国的船只,还一定要具有朝贡国的身份,这些政策本身就是在耍花招。朝贡贸易的限制非常死板,对中国本国民众来说毫无意义,走私贸易因此产生,由于走私违背了国法,因此弹压和讨伐便随之而来。为了报复官府,民众蜂拥而起,倭寇参与其中,倭乱因此而起。然而,参与走私贸易的外国人和中国人,他们也逐渐变得聪明起来,找到了远离大陆的台湾、吕宋等岛屿并将之作为新的贸易基地,这样一来中国官府就管不了了,除了默许任何办法都没有。明世宗嘉靖以后,穆宗隆庆元年(1567),明朝政府终于改变了政策,将厦门附近的漳州设为贸易场所,从此,大量的中国民众从这里走向海外,海外的各种物品也通过这个港口进入中国。另一方面,明朝政府在漳州征收入港关税,收益非常丰厚,在一定程度上缓和了政府的财政困难。早知这样,真还不如一开始就不要搞什么海禁政策,或者在发现沿海地区走私贸易猖獗时,马上就予以承认不就行了吗?!

关于这些问题,中国的有识之士其实很早就已经意识到了。当时,沿海地区的走私贸易被称为"海市",开海市的主张有一段时间备受人们议论,像被视为倭寇巨魁的王直那样,站在日明两国之间,与地方官府进行交涉,目的实际上就是希望政府对海市贸易给予认可。赞同这种议论的明朝权势人物也不在少。

不过,在主张开海市的意见中,议论的细处依然存在着严重的认识不足。例如,他们认为日本不管怎么说都算是一个国家,既然是国家,就会有朝廷燕享之礼,既然有燕享之礼,那么就少不了中国的丝绸或生丝,因此,还不如开海市任其交易。这样的认识真是太小看日本了。

"市通则寇转而为商,市禁则商转而为寇"这一说法真是太确切了。然而,如果因此认为一旦禁止海市不与交易,那么日本人马上就会来船抢掠,这样的认识存在着严重的不足。凡事都有一个顺序,日本人再性急,也不会做出买不到就抢这样的蠢事来。如果中国的官府从一开始就像江户幕府那样,把民众管得死死的,实行彻底的锁国政策,那么,作为外国人的日本人也就根本无法加以干涉。

江户幕府颁布的宽永锁国令,①按照当时的状况完全切断了国内外的联系,过渡时期结束以后,依然身在海外的人也一律不许回国,与家人之间的通信也必须经过长崎奉行所的检查。② 然而明朝的政策却不一样,官府把海岛上从事和平贸易的走私人员直接视为海盗,不仅本人要遭到杀戮,家属也会受牵连。这也是官宪与民众之间矛盾尖锐的原因。对于如此粗暴的政策,中国内地不仅是政策的相关者,即使是一般的有识之士,都发出了程度不同的反对声。

中国政治有一个通病,就是将无法实施的法规奉为圭臬,这样的规定有时处于休眠状态,有时又是神气活现的,让人无法揣度。嘉靖中期以后倭寇的悲剧,实际上就是原本处于休眠状态的法规突然之间复苏并开始发作,对安心走私的中国民众进行迫害而造成的,这样来理解我想应该没有大错。明初以来数十百年以后,明朝政府终于认识到了这种既不利己又不利人的法规的失策,于是决定开漳州通商。

---

① 宽永,日本后水尾天皇及明正天皇在位期间的年号,1624—1643 年。
② 奉行所,日本幕府时代设置在各地的事务机构。

十 知日派政客郑舜功

嘉靖三十五年(1556),一个叫郑舜功的人接受浙江总督杨宜的派遣来到丰后谒见大友义镇(宗麟),①交涉禁止倭寇之事。郑舜功在此前可能来过一次日本。开始可能是将日本视为蛮夷小邦的,但一旦踏上日本国土,先进的日本文化让他感到震惊,从此以后,作为中国的知日派,在外交工作的舞台背后做了大量的工作。郑舜功在丰后待了两年,回国后才知道浙江总督已经换人,在任的是强硬派胡宗宪,而且这时的平倭大战已告一段落,郑舜功前往日本的和平交涉也归于徒劳。他将在日本收集到的有关情报整理成册,名为《日本一鉴》,从一个侧面描写了当时的日本国情。

阅读《日本一鉴》,可以发现郑舜功的文章非常拙劣,可以推测郑舜功似乎并没有接受过正规的学问教育,最多只是商铺掌柜的水平。这可以从他对日语的介绍中看得出来,例如日本天子驾崩称"晏驾",天子之丧称"谅阁",这些东西他竟然那么好奇地记录了下来。因此在丰后逗留期间,当地的僧侣等赠给他《赠郑国客》七言一绝时,内心必定恐慌不安、不知

---

① 丰后,日本旧藩国名,今九州大分县的大部分。大友义镇,又名宗麟,日本战国时代信奉天主教的大名,丰后国臼杵城主,1571 年以后统治九州六国,与朝鲜、葡萄牙进行贸易。

所措。

学问虽然没什么，但郑舜功观察日本的眼光却是的确的。在
《日本一鉴》的"风土条"中，盛赞日本的国俗之美几乎达到了无
以复加的地步，说："臣为君死，子为父死，妻为夫死，弟为兄死，朋
为友死，皆如是。"这其中的最后一句，正是日本人奔赴中国掀起
倭乱的唯一原因。又称日本国俗严禁盗贼，骂人也被视为盗贼，
切齿不忘，深以盗贼为戒；十年以来，有投死倭寇，其父母妻子闻
其死，不敢举声号哭，其重廉耻如斯；而且，所谓倭寇，其实是由中
国亡命恶人所招致的。

在"渔猎条"中又说，牛力于农耕故不食其肉，马勤于挽运故
不食其肉，犬警夜役猎故不食其肉，鸡报晓故不食其肉，此四事即
可见其义心深厚，怎么会好寇嗜杀呢？入寇并非其本心，均为中
国亡命者蛊惑所致，这些均不可不知。他对日本的这些认识虽说
不一定准确，但结论无疑是正确的。

郑舜功的最终结论是：在外交问题上必须守大信而禁花招。
要想平息倭寇，首先得取缔中国民众的不法行为，哪怕通商完全
停顿也在所不辞。中国有中国的做法，日本有日本的做法。日本
已经相当开放，家资千金的富商也不在少，即使与中国断绝通商，
也绝不会因此活不下去。郑舜功的结论当然也是一种看法，但
是，通商并不是一个死活问题，只是如何才能互惠共存的问题，这
一点，郑舜功却没有认识到。不过，他所做的如果一定要与日本
为敌开战，那么国内的叛乱将会一发不可收拾这一判断，却是令

人赞同的。这句话直指鲁莽的强硬派的痛处而令人称快,不愧是
他的先见之明。

十一 走向朱印船的时代

日本战国时代末期,①群雄在各自的领地内致力于巩固内政,
防御外敌,重点转移到了对领地内人力、物力以及各种资源的整
合和动员,已经无暇顾及中国的官民冲突,还没有等到丰臣秀吉
统一全国、禁止边民的海盗行为,中国沿海的倭寇就已经渐次消
失了。

中国沿海的居民在海岸附近的岛屿上与外国人的交易长期
以来被禁止,但政府开漳州为口岸以后,在这里建造大船驶向台
湾、吕宋等地成为合法行为。西班牙人很早就在吕宋诸岛开始了
殖民活动,他们在墨西哥采掘白银铸成的货币,经吕宋源源不断
地流入中国,中国货币制度的改革也因此揭开了序幕。

丰臣秀吉统一全国后,严禁边民的海盗行为,力图维持海上
交通的平稳,同时还鼓励和平的海外贸易,向京都、堺、大阪等地
的巨商发放盖有朱印的凭证,允许其驶向海外经商,从此进入了
所谓"朱印船贸易"的时代。德川家康继承了丰臣秀吉的政策,日

---

① 战国时代,日本历史上指室町幕府的实体丧失、各地有实力的大名争霸的时代,即应仁之
乱到丰臣秀吉统一全国的时代,1467—1590 年。

本人的眼光从此伸向了南方的新天地,和平的通商贸易呈现出盛况。在日本人驶向海外的同时,中国、葡萄牙等外国人也获得了来日本自由贸易的许可。然而,在中国漫长的海岸线上,除了澳门这个葡萄牙的殖民地外,其他港口一概不对外国人开放,包括日本人在内的外国商人,在驶向暹罗、柬埔寨的途中,只能朝右远远地眺望中国大陆,不敢接近。曾经作为贸易基地的广东南澳岛,此时也只能看到一个影子,作为航线上的标志,船只匆匆经过,直接驶向澳门靠岸。再往南走就是安南、柬埔寨、暹罗,日本与这些国家的交易以及在吕宋建立日本街等,已经是众所周知的历史了。

从倭寇走向朱印船,从暴力走向商业,这种转变对迄今读过日本史的人来说多少都会感到有些奇妙。可见,单从日本国内室町时代末期以后秩序的混乱,到安土桃山时代国内的统一,①中央集权的确立,以及彻底贯彻取缔海盗令以后所产生的效果等方面来看是不足以弄清真相的。

日本人本来就爱好和平,自始至终都只是想与中国民众在和平的环境下进行通商贸易。如前所述,只是在万不得已的情况下加入到了中国官府与民众的争斗中去了,这就是所谓的倭寇。我这样说,绝不是想把倭寇的行为绝对正当化,这正如不能把幡随

---

① 安土桃山时代,日本天正元年至庆长八年(1573—1603)织田信长和丰臣秀吉掌握政权的时代。

院长兵卫等侠客们的喋血事件看成是君子所为一样。① 以上,我们没有像以往那样单从日本人向海外发展这一点上来认识倭寇,而是将重点放在中国的国情、官民的对立、民众要求日本出手援助等方面,对倭寇的问题进行了重新探讨。

最近,听说"倭寇"一词从教科书中抹去了,其实,问题不在名目而在于实质。对日本史和东洋史的看法,最近也有各种各样的议论,但是,非要在外观上将两者弥合得似乎天衣无缝,还不如深入事实的内部,阐明事实的真相,这才是当务之急。

参考史料:

(史料前的[一]、[二]……[十一],与本文的章节序号相对应)

[一]

1.《明史》卷九一《兵志三·边防·江防海防》

洪武四年十二月,命靖海侯吴祯籍方国珍所部温、台、庆元三府军士及兰秀山无田粮之民,凡十一万余人,隶各卫为军,且禁沿海民私出海。时国珍及张士诚余众多窜岛屿间,勾倭为寇。

2. 赵士桢《倭情屯田议》(《中国内乱外祸历史丛书·倭变事略》,第八册)

入犯船只俱各整泊外岛,彼此招邀,方敢闯入内港。文皇帝洞悉其故,遂割附近岛屿、膏腴水田数百万,一岁租税十余万,尽徙岛民,而墟

---

① 幡随院长兵卫,生卒年不详,日本江户时代初期的侠客,江户的町奴(市民侠客)首领,在与旗本奴水野十郎左卫门的争端中被杀。

其地。

3.《明史》卷八一《食货志五·市舶》

洪武初,设于太仓黄渡,寻罢。复设于宁波、泉州、广州,宁波通日本。

4.《筹海图编》卷一一《叙寇原》

海道副使谭纶云:片板不许下海,禁革双桅大船。乃屡朝明例,以销祸未萌,意至深远。奈何沿海灶丁假以采办,私造大船,违禁下海。

5.《筹海图编》卷一二《开互市》

凡外夷贡者,我朝皆设市舶司以领之。在广东者,专为占城、暹罗诸番而设;在福建者,专为琉球而设;在浙江者,专为日本而设。其来也,许带方物,官设牙行与民贸易,谓之互市。是有贡舶即有互市,非入贡即不许其互市明矣。西番琉球,从来未尝寇边,其通贡有不待言者。日本狡诈,叛服不常,故独限其期为十年,人为二百,舟为二只。后虽宽假其数,而十年之期未始改也。

6.《日本一鉴》卷七《穷河话海·贡船》

永乐初,始奉钦定贡船二艘。宣德丙午,贡船逾数。上谕:使人今后贡船无过三艘,永以为例。又按正统壬戌,贡船九艘。嘉靖癸未,两起贡夷共船五艘。嘉靖戊申,贡船四艘。

7.《日本一鉴》卷七《穷河话海·贡人》

永乐初年,其来朝贡人三百余。时奉恩例,进贡使人止许二百,后无逾数。宣德丙午,使人过多,上谕之曰:今后使人毋过三百,后贡如数。再后使人违例,正统壬戌,使人千余。弘治乙卯,使人七百余。正德乙巳,使人六百六十八人。嘉靖癸未,两来贡夷,一起人三百余、一起人百余人。

嘉靖己亥,正副使二十四人,从人生手三百五十八人。嘉靖戊申,使人六百三十七。

8.《筹海图编》卷一二《开互市》

主事唐枢云：尝考《大明律》，凡将物私出外境货卖及下海者，罪止杖一百。将人口军器出境及下海者绞，因而走泄事情者斩。及考问刑条例，擅造二桅以上大船，将带违禁货物下海，往番国买卖，潜通海贼，同谋结聚，反为向导劫掠良民者，处以极刑。

9.《筹海图编》卷一二《御海洋》

通政唐顺之云：国初防海规画至为精密，百年以来海烽久息，人情怠弛，因而隳废。国初海岛便近去处，皆设水寨，以据险伺敌。后来将士惮于过海，水寨之名虽在，而皆是海岛移置海岸。闻老将言，双屿、列港、浯屿诸岛，近时海贼据以为巢者，皆是言国初水寨故处。向使我常据之，贼安得而巢之？

10.《武备志》卷二一四《占度载度》

福建五寨，俱江夏侯所设。浯屿水寨，原设于海边旧浯屿山。外有以控大小岨屿之险，内可以绝海门、月港之奸，诚要区也。不知何年，建议迁入夏□地方，旧浯屿弃而不守，遂使番舶南来，据为巢□，是自失一险也。

[二]

1.《明实录》嘉靖卷二八

二年六月甲寅，日本国夷人宗设、谦导等赍方物来，已而瑞佐、宋素卿等后至，俱泊浙之宁波。互争真伪，佐被设等杀死。素卿窜慈溪，纵火大掠，杀指挥刘锦、袁琎，蹂躏宁绍间，遂夺舡出海去。巡按御史以闻，得旨切责：巡视、守巡等官，先是不能预防，临事不能擒剿，姑夺俸，令镇巡官即督所属调兵追捕,并核失事情罪以闻。其入贡当否事宜,下礼部议报。

2.《明史》卷八一《食货志五·市舶》

嘉靖二年,日本使宗设、宋素卿分道入贡,互争真伪。市舶中官赖恩纳素卿贿,右素卿,宗设遂大掠宁波。给事中夏言言倭患起于市舶,遂罢之。

3.《策彦和尚入明记·再度集上》(《大日本佛教全书》第73卷,史传部12)

(嘉靖二十七年)三月二十五日,晴。已刻,予暨副使土官钓云慈眼已下外出轮礼,第一谒知府大人,消四拜,吃茶,禀上京并门外往来馆夫打给等事。次诣提举司,吃茶。

(未见原书,译者据宫崎市定原著暂译,引用时务必依据原书)

[三]

1.《筹海图编》卷一一《足兵饷》

苏州生员沈拭云:嘉靖通宝每钱七百,准银一两。

2.《日本一鉴》卷七《穷河话海·贡物》

钱四千四百四十万文,该银五万九千二百两。(按:银一两值铜钱七百五十文。以上两项是中国铜钱与白银的比价,而日本却是白银贱铜钱贵,请见下文)

3.《日本一鉴》卷一《桴海图经》

肥前大隅俱海泽,入唐道名见书册。(这句诗原注云:"先以钱一千贯价值白金二百镒,上之于日本王宫,其诸关节费余万金。"此处所言一镒为二十两,故银一两相当于钱二百五十文)

4.《郑开阳杂著》卷四《日本图纂·古文钱》

倭不自铸钱,但用中国古钱而已。每一千文价银四两。

5.《大乘院寺社杂事记》文明十二年十二月二十一日条(东京角川书店,1964 年 11 月)

楠叶入道当年八十六岁,乃两度乘唐船者。今日与之相语,唐船之利不过生丝。唐丝一斤(银)二百五十目,日本之价为(钱)五贯文。西国备前备中,铜一驮之价为(钱)十贯文。唐土明州云(温?)州,以丝替之,可为四十、五十贯者。

(未见原书,译者据宫崎市定原著译,引用时务必依据原书)

6.《筹海图编》卷一一《叙寇原》

海道副使谭纶云:沿海灶丁假以采办,私造大船,违禁下海。始则取鱼,继则接济,甚则通番。十数年来,富商大贾牟利交通,番船满海。间有朱秋崖任事之臣,力行禁捕,而大家灶户浮议横生。

7.《武备志》卷二一四《占度载度》

戴冲霄曰:闽中事体与浙不同。(中略)福建漳、泉等处,多山少田,平日仰给,全赖广东惠、潮之米。海禁严急,惠、潮商舶不通,米价即贵矣,民何以存活乎?(中略)唐荆川云:倭患始于福建,福建者,乱之根也。谅哉言乎,如愚见,莫若因其势而利导之。(中略)南则许贩惠、潮之米,北则许贩福、宁、温、台之米,但不许至外国。

8.《日本一鉴》卷六《穷河话海·海市》

浙海私商始自福建邓獠。初以罪囚按察司狱,嘉靖丙戌(五年),越狱逋下海,诱引番夷私市浙海双屿港。

[四]

1.《筹海图编》卷八《寇迹分合始末图谱》

金子老屯双屿港,嘉靖十八年,勾引西番人交易。

2.《筹海图编》卷八《嘉靖以来倭奴入寇总编年表》

十九年,贼首李光头、许栋引倭巢双屿港。(又见同书卷五《浙江倭变纪》)

3.《筹海图编》卷八《寇迹分合始末图谱》

王直入双屿港,(嘉靖)二十三年入许栋踪,为司出纳。

4.《日本一鉴》卷六《穷河话海·海市》

王直于乙巳岁(嘉靖二十四年)往市日本,始诱博多津倭、助才门等三人来市双屿,明年复行,风布其地。

5.《日本一鉴》卷六《穷河话海·风土》

种岛之地尝寓山贼。(中略)丙辰(嘉靖三十五年),徐海亦复诱夷三犯中国。诱来之夷漂没者众,余来授死,部落俄空。漏网之贼,惟助才门等辈尔。

6.《日本一鉴》卷六《穷河话海·海市》

嘉靖壬寅(二十一年),宁波知府曹诰以通番船招致海寇,故每广捕接济通番之人,鄞乡士大夫尝为之拯救。知府曹诰曰:今日说通番,明日也说通番,通得血流满地方止。明年癸卯,邓獠等寇掠闽海地方,浙海寇盗亦发。海道副使张一厚因许一、许二等通番致寇,延害地方,统兵捕之。许一、许二等敌杀得志。

7.《日本一鉴》卷六《穷河话海·流通注》

海道副使张一厚亲自统兵以捕之,败绩,自是,番船竟泊双屿。未几,许一被获。

8.《日本一鉴》卷六《穷河话海·海市》

至庚子岁(十九年),继之许一(松)、许二(楠)、许三(楝)、许四(梓)等潜从大宜满剌加等国引诱佛郎机国夷人,络绎浙海,亦泊于双屿、大茅等港。

9.《筹海图编》卷八《寇踪分合始末图谱》

许楝,巢双屿港。二十二年,与李光头合踪。(中略)许楝灭,王直始盛。

[五]

1.《东西洋考》卷七《饷税考》

嘉靖二十六年,有佛郎机船载货泊浯屿,漳泉贾人往贸易焉。

2.《筹海图编》卷八《寇迹分合始末图谱》

洪泽珍巢旧浯屿,时嘉靖二十七年五月,此福建积年通番巨寇,漳、泉、福、兴之祸,连绵不已,皆泽珍为之也。

3.《筹海图编》卷八《寇迹分合始末图谱》

嘉靖二十七年,许楝为都御史朱纨所破。(王)直收许楝余党,自作船主,改屯列表。三十一年,并陈思盼。因求开市不得,获掠浙东沿海,分踪入寇。

4.《日本一鉴》卷六《穷河话海·海市》

浙江海道副使丁湛,移檄王直等,絷贼投献,姑容私市。王直胁倭寇,即絷卢七等以献。明年辛亥(嘉靖三十年),王直等船泊列港,又絷陈思盼等以献。惟龚十八(一名碧溪)、王直纵之,使同海市。又明年壬子,絷七倭贼以献。(中略)王十六等诱倭焚劫黄岩县,参将俞大猷、汤克宽欲令王直孥贼授献,而贼已去。乃议王直,以为东南祸本,统兵击之。于列港追至长途,次马迹潭,铳炮声响,惊起蜇龙,兵船漂散,王直之船无敢定泊,于(三十二年)夏六月乘风逃去,之平户。

5.《筹海图编》卷八《寇迹分合始末图谱》

(嘉靖)三十二年闰三月,列表为俞大猷所破,走泊马迹潭。四月,分掠,陷昌国,犯定海,攻海盐,破乍浦,犯杭州,入南汇,犯嘉定,据吴淞。

6.《日本一鉴》卷六《穷河话海·流逋注》

徐海即明山,为虎跑僧,法名普净。嘉靖辛亥(三十年),海闻叔铨诱倭市列港,往谒之,同往日本。(中略)明年壬子,诱倭称市于列港,时铨与王直奉海道檄出港孥贼送官。(中略)乙卯,其弟洪光自广东附许二船至倭会海,告以叔铨为广东官兵所灭。明年丙辰,海乃纠结种岛之夷助才门(即助五郎)、萨摩夥长扫部、日向彦太郎、和泉细屋,凡五、六万众,船千余艘,欲往广东为铨报仇。商辈闻曰:浙海市门为其所闭,今复至广东,我等无生意也。伺他去时,合击送官,免闭市门。海闻怀惧,遂不赴广东,乃向直浙。

[六]

1.《筹海图编》卷九《剿徐海本末》

嘉靖丙辰(三十五年),徐海之拥诸倭奴而寇也。一枝由海门入掠维扬,东控京口。一枝由淞江入掠上海,一枝由定海关入掠慈溪等县,众各数千人,而海自拥部下万余人,直逼乍浦,而登岸则破诸舟,悉焚之,令人人各为死战。

2.《筹海图编》卷一一《募客兵》

兵部尚书张时彻云：今募兵他省，动越数千里，征发仅千百人，未及至而已损官帑，民需不訾矣。况至者未必皆精，以之赴斗，往往贪饵致败，恐官府之诘之也，既又弃戈而窜走，所过道路，率又逞其狼豕贪残之性。白日剽掠，昏夜则污渎妇女。一或捍拒，则露刃而哗，杀人无忌。故谚曰：宁遇倭贼，毋遇客兵，遇倭犹可避，遇兵不得生。又，御史徐栻云：客兵之为地方害，夫人而知之。其悍恣之性，所过残扰，村市为空，是去倭之害一间矣。又，都御史章焕题云：江南民弱，客兵所为厄赢视之者也。欲其不乱，难矣。淫妇女，劫货物，杀良民，如是则客兵之乱与倭夷等。前世调兵江南，皆有明戒。

3.《日本一鉴》卷三《绝岛新编》

幡，州名，即幡摩。曰破幡，指海寇。

4.《日本一鉴》卷三《穷河话海·桑农》

其目海寇名曰破帆，一曰白波，彼深耻此。

5.《郑开阳杂著》卷二《论练兵之法》

倭寇之刀法，天下无敌。

[七]

1.《郑开阳杂著》卷四《寇术》

寇还岛，皆云做客回矣。

2.《郑开阳杂著》卷二《论福苍船之弊》

贼驾楼船而来，沙船低小，仰攻为难。

3.《郑开阳杂著》卷四《倭船》

其大者容三百人，中者二百人，小者四五十人，或七八十人。其形卑隘，遇巨舰难于仰攻，苦于犁沉，故广、福船皆其所畏。(中略)故倭船过洋，非月余不可。今若依然者，乃福建沿海奸民买舟于海外，贴造重底，渡之而来。其船底尖能破浪，不畏横风、斗风，行驶便易，数日即至也。

4.《筹海图编》卷四《福建事宜》

倭人至福建，乃福人买舟至海外，贴造重底，往而载之。

5.《筹海图编》卷三《广东事宜》

南澳当闽广交界之处，周围皆山，中有田百顷，乃国初起遣居民遗弃之地也。四面蔽风，大潭居中，可以聚舟。其大视金塘二倍，五六年来，因浙直攻捕之严，倭泊无所容，俱于此互市。福建捕急则奔广东，广东捕急则奔福建，定期于四月终至，五月终去，不论货之尽与不尽也。其交易乃搭棚于地，铺板而陈所置之货，甚为清雅，刀枪之悉在舟中。

6.《日本一鉴》卷六《穷河话海·流通注》

明年癸丑(嘉靖三十二年)，而叶宗满诱倭来市浙海。惊见舟师，故不敢泊，往市广东之南澳，闽广倭患始生也。

7.《日本一鉴》卷六《穷河话海·海市》

岁甲寅(嘉靖三十三年)，佛郎机国夷船来泊广东海上。比有周鸾，号称客网，乃与番夷冒他国名，诳报海道，照例抽分。副使汪柏，故许通市，而周鸾等每以小舟诱引番夷，同装番货，市于广东城下，亦尝入城贸易。又徐铨等诱倭市南澳。(中略)岁乙卯(三十四年)，佛郎机国夷人诱引倭夷来市广东海上，周鸾等使倭扮作佛郎机夷同市广东卖麻街，迟久乃去。(中略)戊午(三十七年)春，叶宗满伙谢二、董二等诱倭来市，官兵诱擒之。又且南澳自戊午岁前皆海市者，戊午以后乃为贼窝。而许朝光等负固其间，倭寇闽广则归此澳。

[八]

1.《筹海图编》卷一二《开互市》

兵部尚书郑晓云：倭国虽小,亦有君臣朝贡燕享礼仪。使无丝线等物,则无礼文而不成乎国矣。彼既不容不资于我,而利重之处人自趋之,岂能禁民之交通乎？故官法愈严,小民宁杀其身,而通番之念愈炽也。(中略)货入港者,官为抽税,以充军需,岂不华夷两利而海烽晏如也哉？此之谓以不治治之也。见今广东市舶司处西洋人用此法,若许东洋岛夷亦至广东互市,恐无不可。

2.《筹海图编》卷一一《叙寇原》

主事唐枢云：嘉靖初,市舶罢,流臣严其私请,商市渐阻。浙江海道副使傅钥申禁于六年,张一厚申禁于十七年。六年之有禁而胡都御史琏出,十七年之禁流延而有浙江巡按杨九泽之疏,乃有朱都御史纨之出视。抚设而盗愈不已,何也？寇与商同是人也,市通则寇转而为商,市禁则商转而为寇。始之禁,禁商;后之禁,禁寇。

[十]

1.《日本一鉴》卷九《穷河话海·接使》

嘉靖癸未(二年),布衣郑舜功奏,奉宣谕日本。

2.《日本一鉴》卷一《桴海图经》

岁乙卯(嘉靖三十四年),(郑舜)功方奉使日本,取道岭南。

[十一]

1.《元和航海记》自长崎往天川乘前(池田好运著)

夜中,大风中乘船。若有不识南澳岛者,出二十三四寻,即可使船面洋,总能到南澳之地。二十三四寻处若有黑小砂石,可知已到南澳。(中略)此南澳岛有三,自日本而往天川所见之岛,一岛狭长,中间者圆,第三岛较中岛少长,互为近岛。①

① 本条未见原书,译者据宫崎市定原著译,引用时务必依据原书。

江户时代的中国情趣

一

我曾经对中国的奢侈问题进行过考察。奢侈这个问题各国都存在,然而,中国的奢侈却很明显地因时代的发展而不断地演变,从讲究数量到讲究质量,从讲究外在的到讲究内在的,从不合理的到合理的,一步一步向前发展的结果,最终形成了一种高雅的趣味。具体地说,在汉代向六朝发展的过程中,完成了从讲究量到讲究质、从讲究外在到讲究内在的转变,在唐代向宋代发展的过程中,完成了从不合理向合理的转变,从而造就了可称其为"中国趣味"的高雅的审美观。如果将之与中国以外的各国进行比较的话,可以说中国的奢侈观念发生得非常早,就奢侈这一点来说,中国不愧为一个先进国家。

日本自古以来以"质实刚健"为国策,是一个与奢侈离得很远的国家。不过,在不同的时代,尤其是在时代变迁、社会变动时期,偶尔也会出现一些恣意挥霍、穷奢极欲的人物。像骄奢尤甚的平家那样,一时间穷奢极欲,但很快就灰飞烟灭。不过,因奢侈而引发的一些带有某种趣味的生活,一步步渗透到一般群体中去,从而造就了"日本趣味"这一高雅的审美观。这种趣味一旦融入一般民众的日常生活之中,那么,奢侈就不再是奢侈,其性质已经演变成一个国家国民的文化遗产。也就是说,昨日的奢侈今天已无法称其为奢侈,这种变化不断重复,以至造就了今天的日本文化。由于日本与中国这样的先进国家为邻,因此,在奢侈的观念上非常容易受其影响,这里要谈的就是江户时代日本奢侈的发展与中国的关系。

就日本文化的发展脉络而言,迄至平安时代,文化是以宫廷为中心的文化,镰仓时代以后演变成以武家为中心的文化,室町时代末期以后,又出现了一个新的强有力的文化中心,这个文化中心是伴随着庶民,尤其是町人①势力的兴起而出现的。也就是说,在作为庶民的町人之间出现了一个新的文化中心。作为一个新兴阶级,町人没有悠久的历史,因此,他们的奢侈方法从一开始就是以一种最原始的形式开始的。随着时代的变迁,町人的奢侈观念也沿着前面所讲到的过程那样,从讲究数量向讲究质量,从

---

① 町人,近世社会的阶层之一,即居住在都市里的工商业者,有别于武士和农民。

外在的向内在的,从不合理的向合理的,一步一步地发展下来,逐渐构成了今天庶民文化的基础。也就是说,日本在江户时代这个短暂的时期内,经历了从最初阶段到最终阶段的发展过程,实现了其他世界历经数千年的发展才取得的成就。从生物学的角度上来说,也就是通过个体发育完成了系统进化的全过程。在这一过程中,促使其发育、进化的能量,当然有来自日本自身积累起来的历史文化传统,但同时又受到了外部的影响。从奢侈这一点上来说,受到了先进国家中国的影响尤其重大。接下来我们就重点考察中国趣味对江户时代文化发展的影响。

二

进入江户时代以后,日本一下子出现了两大经济中心,即江户和大阪。这两座城市虽然不是江户时代才出现的,但由于它们的发展过于急速,因此完全可以视为脱了胎换了骨的新兴都市,从而也可以说这两座城市几乎是没有历史传统的。其中,大阪是一座纯粹的经济都市,因此是一座典型的市民之都。江户虽是幕府所在地,处于封建制度的核心区域,武士家族的势力一时嚣张跋扈,但一旦天下趋于太平,拥有雄厚经济实力的市民势力得到了意想不到的发展。面对日益壮大的市民势力,幕府的武力控制亦趋式微。也就是说,幕府的武力即使能够压制住一个一个的市民个体,但却很难压制住整个市民的经济实力。终于,武家的生活逐渐被市民左右,这一点也成为幕府最终崩溃的原因之一,而市民势力的抬头及其对社会变革的作用,今天看来要比我们想象的早得多。

在大阪发展成为经济中心以前,紧邻大阪南部的堺市就因海外贸易等商贸事业的发达聚集了很多豪商。丰臣秀吉之所以要在今大阪建立大阪城,目的之一也许就是要控制堺市商人的势力。在前后两次的大阪之战中,①大阪商人虽然遭受了相当大的打击,但似乎是得地利之优势,商人们的势力很快便得到了恢复。虽说是商人,但从大规模的工业生产出现之前开始,很多商人往往就是以政商的面目出现的。他们经常与权力相互勾结,担当各处大名领地所获年贡米的买卖中介,从中获取巨额利润。堂岛的大米市场就是这批商人的聚集之所,②今天还保留着的淀屋桥这个地名即来自淀屋辰五郎。③ 此人是当时大阪金融界的大亨,势力甚至渗透到了各个大名的理财活动之中。但是,大名借钱往往不还,因此,借钱给大名伴随着很大的风险。例如肥后的细川家等大名就是赖账的惯犯,因此被淀屋家列入了黑名单,在淀屋家的账簿上被称为"蛮不讲理的名门"。延续数代的大财主淀屋家,

---

① 大阪之战,指德川家康在大阪击败丰臣氏的两次战役。第一次战役发生在日本庆长十九年(1614)冬,第二次战役发生在次年夏季,大阪城陷落,丰臣氏灭亡。
② 堂岛位于今大阪市北区和福岛区,是现代大阪的商业中心,自元禄十年(1697)开设大米市场后发展起来。
③ 淀屋桥位于今大阪市内。淀屋辰五郎,生卒年不详,江户中期大阪巨商,因穷奢极欲,财产被全部没收,沦为破落户。

大约从第四代开始出现了危机。第四代辰五郎,雨天穿着曳地长衫游走于大阪城中,任泥污沾满衣角,入室后也不换衣,径直坐在座垫上,弄得满是泥污。他还把借钱给大名视作乐事,人家要借一千两,他必定借出一千五百两,完全是一个偏离常规的人。到了第五代辰五郎时,更是变本加厉,大肆挥霍,以至于掌柜们不得不通过与官府及其亲属等协议,采取措施禁止其亲自管理家产。也许是因为没了钱挥霍,辰五郎因伪造印章被抄家。这件事发生在元禄以后的宝永二年(1705)。抄家时留下了淀屋家被没收的财产目录,很有意思的是,从这份目录中我们可以看出当时富豪们的一些个人趣味及其鉴别能力。目录中,金银之外还登记了很多古玩。其中,书画类中有:

徽宗皇帝水墨画鸡
玄宗皇帝之挂轴二幅
牧溪之唐画二百三十张
挂轴类凡二百三十幅,皆一轴值百两以上者

见到这一串名录,马上就令人感到蹊跷,其中最奇怪的是"徽宗皇帝水墨画鸡"。徽宗皇帝的画大多都是院体风格的花鸟,色彩极为丰富,但这里却是"水墨画鸡"。即便无法断言徽宗皇帝一定没画过墨鸡,但不管怎么样都觉得不合适。虽然可以说正因为非同寻常才更加觉得珍贵,但我还是倾向于这是一幅赝品。至于玄宗皇帝的字画,那必定是赝品,因为这样的东西即便存在,也不可能传入日本。接着是牧溪的画,就算存在也不会多达二百三十张。目录之后注明了二百三十幅挂轴的价值,每轴都在百两以上,可见前面所说的字画也应价值相侔。当然,没有实物,无从对其做出任何鉴定,但光凭想象就能知道每一件都是纯粹的赝品。接着还有:

玄宗皇帝洗手钵　杓平则水沸腾外流

唐渡砚石　磨墨则水自出

可见淀屋家是多么喜欢玄宗皇帝。玄宗皇帝洗手钵的奇妙的机关,如今已经无法推测了。唐朝传过来的砚石,恐怕并不是磨墨时自己会出水,而是人呼出来的气息在砚面上凝成了水滴,这在中国很早就有人提到了。据一种叫作《五总志》的书籍记载,曾经有人想把一件上等的砚石赠予王安石,称呵之则水流,王安石称即使一天能够呵出一担水也只值三文钱,何贵之有? 不以为然地将它退了回去。当然这只是王安石不愿接受他人赠物的托词。如果淀屋家的砚石真是歙州的龙尾石或端溪的水岩石,那还是说得过去的。

　　总体上说,这些古玩或许都是花了大价钱买来的,但其实都是一些不怎么样的东西。通过这些现象,也可以看出当时富豪们的生活状况大抵也就如此。令人意想不到的是,这些物品还很有可能被各地的大名所收藏。所谓的传家宝也大多难以让人相信,不得不说当时人们鉴别的眼光普遍都是靠不住的。

三

德川家康在江户开设幕府,各地的大名也纷纷在江户建立宅邸,一时间土木大兴。为了给各方涌来的人们提供衣食住行,商人的活动领域也迅速扩大。忙乱之中,暴发户辈出,其中最有名的就是纪国屋文左卫门和奈良屋茂左卫门,简称纪文和奈良茂。纪文通过著名的柑橘船获取了暴利,随后活跃在江户这个舞台上,通过拉拢幕府要人承包土木工程,一代之间就积累了巨额财富,元禄年间(1688—1703)是其鼎盛时期。有一个非常有名的故事,纪文在大火之后前往木曾①买断那里的木材,通过强行推销,获得了两倍于桧木重量的黄金。为了笼络权势,巨商们不惜挥霍金银,做到尽可能的铺张浪费,并且还相互攀比。如果有客人来访,必将客人引至刚铺好的新榻榻米上就座,据说有好几个固定的榻榻米匠人每天都要来更换新的榻榻米,这样看来,榻榻米也不再是我们心目中的榻榻米了,大石内藏之助所说的"老婆和榻榻米还是新的好",也许就是这个意思。但是,纵观纪文等人的奢

---

① 木曾,今长野县西南部木曾川上游地区的总称。

侈方式,总有些新兴阶级或者说暴发户的悲哀,他们的方法完全不入流,必须从头开始学起。纪文在饭馆楼上赏月,友人特地送来了礼物。礼物是一个巨大的包子,大到无法搬上二楼,在拆了楼梯栏杆和一部分楼板后才抬了上来。划开包子后,里面是无数个小包子。这个包子虽然构思精巧,但是,要做这样的包子,必须从蒸锅开始,把制作包子的器具全部翻新,因此加上木匠的人工费等,一个包子可以卖到七十两。当时五十两就可以卖掉自己的亲生女儿了,可见七十两是何等价值。后来,纪文到与友人相好的艺妓处探病,又收到了一个小箱子,打开一看,箱子里爬出了几百只小螃蟹,仔细看来,每只螃蟹的壳上都用金粉描绘着客人和艺妓的家徽。

四

　　与纪文旗鼓相当的是奈良茂。奈良茂的上一代在幕府营造日光山①时承包了工程,从中发了一笔横财。奈良茂揭发当时的竞争对手柏木屋,称其吝惜木材,违背幕府的命令,柏木屋因此被打入大牢,家产被没收,奈良屋即把柏木屋的木材占为己有,还从幕府那儿获得了资金。他的次子第三代奈良茂,就是纪文的对

---

① 日光山,位于今栃木县。山麓有著名的东照宫,是祭祀德川幕府创始人德川家康的神社,始建于元和二年(1617)。

手。有一次,奈良茂想结交与友人相好的艺妓,便派人送了两盒荞麦面给友人作为引见礼,友人觉得两盒太少了,便令人到附近的面店再买一些,结果哪儿都买不到。原来吉原五町、山谷、田町,所有附近面店的荞麦面都已经被奈良茂买走了,只给了友人其中的两盒。

这样看来,他们的奢侈只是浪费而已。因为是浪费,所以他们的奢侈还只是停留在追求数量的层面上。大包子的味道怎么样,没有留下记载,想必味道不会太好。如果真是有良心的老字号包子铺,恐怕是不会接受这样的订货的。至于荞麦面,全江户的荞麦都被买断了,剩下的两盒恐怕也不会太美味。他们的眼光终究只是靠投机而一夜暴富的暴发户的眼光,至于东西的大小多少,他们一概不管,他们关心的只是买这个东西花了多少钱,除此之外就再也没有什么追求了。

他们的交际场所是吉原,①当时町人向官员行贿往往也要去吉原,于是最新的时尚都从吉原开始。大名和武士的风尚也逐渐为吉原的风气所染。换言之,町人成了武家生活的指导者。在衣裳逐渐趋于华丽这一点上,吉原起到了很大的作用。例如今天日本人当作正装穿着的纹付羽织,②传说就是纪文发明的,但实际上可能是从吉原流传至全国各地的。女性宽袖和服的衣袖,原本都

---

① 吉原,旧地名,在今东京日本桥附近,江户时代的红灯区。
② 纹付羽织,附有家徽的、穿在长款和服外面的对襟短衣。

是鲸尺一尺八寸,^①贞享年间(1684—1687)变为二尺,后来逐渐发展到二尺四寸、二尺五寸,因此才有"振袖火事"^②这一说法。还有女性的腰带,直到江户初期,日本女式和服的腰带都还很窄,二寸左右,系在腰前,旧时的浮世绘中都是这样的腰带。后来逐渐加宽,从四寸到八九寸,再宽下去就快要成铠甲了,所以就自然停了下来。宽腰带也是从吉原流行起来的,虽然当时也有人说女人的腰带越宽就越没品位,但宽腰带还是作为一种时尚风靡了起来,町人自不待言,连武家、大名家的女人都开始用九寸的腰带。日本的腰带虽然很受外国人的赞美,但我们毫无必要为此感到得意。我并不崇尚这样的穿衣习俗,并不是起源于吉原才加以排斥,正是因为和服上下连体,腰带才会变得这么宽阔,如果日本的妇女今后变得更加活跃,人人都穿起裙子或裤子,那么宽腰带自然就会消亡。

五

在这种穷奢极欲的风气中,町人们也逐渐形成了传统。当他

---

① 鲸尺,日本古尺的一种,一尺长约37.9厘米,民间专门用来丈量布匹,又称"吴服尺"。"吴服"即和服。
② 振袖,即女性和服的宽袖,又指宽袖和服,通常为未成年人所着。"振袖火事灾"是"明历大火灾"的俗称,指明历三年(1657)正月发生在江户烧死10万余人的大火,传闻火灾的起因是本妙寺供养饿鬼时所焚"振袖"飞起的火星,故有此称。

们多少有了些情趣性的教养后,奢侈也逐渐从追求量向追求质的方向发展,于是出现了攀比衣裳的风气。

攀比衣裳之俗的不断发展,使得人们不再满足于一地的攀比,而逐渐发展成为东、西两地的对抗,有时宛如运动会的选拔赛。江户巨商石川六兵卫的妻子曾专程赶赴京都,向难波屋十左卫门的妻子发起挑战。两人约好日期在东山附近会面,然后徘徊于人群之中,任凭舆论作出最终裁决。难波屋的妻女穿的是红绫和服,装饰着用金线银线绣成的"洛中图",①非常醒目,而石川的妻女只穿了染有南天竹纹样的双层黑地窄袖羽织,毫无疑问是京都胜出。可走近一看才发现,石川妻女衣裳上的南天竹果实都是用碎珊瑚缝制上去的,于是众人恍然大悟,判定石川家获胜。石川家在江户承包了各大名宅邸的院墙石垣工程,不断积聚财富,成为当时著名的暴发户,天和三年(1683)因过于豪奢被抄家。

虽然在石川家和难波屋的衣裳攀比上江户一方获胜,但不知当时的人们为什么偏爱缝有珊瑚的衣裳。其实,在情趣或品位这一点上,京都毕竟是千年古都,有着古老的传统,是江户和大阪望尘莫及的。奢侈竞赛的选手不断涌现,彼此之间展开了激烈的竞争,京都果然不负"讲究穿着直至倾家荡产"的声名,在情趣上充满自信的人全都汇集过来一争高下,会场就设在东山。② 银座③

① 日本京都雅称"洛阳",又有"京洛"之称。"洛中图"即描绘京都风景名胜的图画。
② 东山,指京都东郊南北相连的一系列丘陵,北起比叡山,南至稻荷山,总三十六峰。
③ 银座,德川幕府直辖的银钱铸造发行所。

官员中村内藏之助的妻女曾在衣裳攀比中出演,其着装的参谋是尾行光琳,①可见是动了真格的了。京洛富豪的妻女一个个都独具匠心,绝不吝啬金钱,穿着各色华丽的衣裳,来到东山集合。于是,中村的妻女别出心裁,让随从的众仆妇们穿上艳丽的衣裳,自己却选用了黑色无纹的锦缎长披袍。披袍为双面织,里面是雪一般的白色,多件叠穿在一起,锦缎的黑、白两色呈现出格外的美丽,给人一种洁白无瑕的圣洁感。当然这次是中村的妻女们大获全胜了。

纵观这些奢侈,其内容已不同于纪文和奈良茂,已经从量的追求发展成为质的追求。这些奢侈中虽然带上了一些情趣的成分,但目的是向人炫耀,因此依然是外在的。而且奢侈的方法也是不合理的,在南天竹的果实处缀上珊瑚,这到底会有一种怎么样的装饰效果呢? 当时为此而惊狂的人们,他们的眼光不得不说实在是太庸俗了。尾行光琳的创意虽然可以称得上是艺术,但总的说来还是画家的恶作剧,颇有戏弄人的成分。光琳本身就很喜欢戏弄别人,一次和友人外出赏花,中午时分,大家都从精致的便当盒中取出山珍海味,光琳却打开用竹箬包裹的饭团来吃。更让人惊讶不已的是,丢弃的竹箬上竟然都画有精致的描金山水花鸟。

---

① 尾行光琳(1658—1716),江户时代画家、工艺家,开创了以装饰性大画面为特色的"琳派"画派。

六

　　在竹箸上描金绘画,这算不算奢侈虽不好说,总之就是出人意料而已,也许光琳的目的也正在于此,因为这样才更有宣传价值。不过这样的奢侈方式,在奢侈发展史上是非常低级的,中国早在汉唐时期就已经经历了这个阶段。进入宋代以后,中国的奢侈发展成为一种非常洗练的情趣,万事万物都必须遵循自然之理,力求适时适地,这样的奢侈才会受到尊重。营造宫殿时,看重的是木材的本色,不会胡乱施加色彩;建造园林时,山石树木皆应保持自然之趣。欣赏这种情趣的领袖人物就是当时的知识分子,亦即士大夫或读书人。士大夫们既有学问,又有教养,还有闲暇,是他们在指导着当时的生活模式。最能代表他们生活品位的就是南画,南画甚至可以称为文人画。定义南画十分困难,简单地说就是超脱技法的绘画,意在将自己想要表达的心情直接传达给别人,或者更进一步说是为了自我欣赏而作的画。使用强烈的色彩虽然能起到一定的效果,但这样会混入一些多余的东西,所以南画在色彩上始终是淡彩或水墨。虽然画面越大,相应的效果也大,但这也容易混入因大而造成的错觉,自然就不会画得太大了。细描虽能增强效果,但也容易招致多余的东西,所以尽量节省笔墨。过分讲究技法也会招致技法之祸,所以尽量尊重无技法的技法。于是,只画出必须画出的东西,不添加多余的成分。只为善解者画,只为意气相投者画,最后也许就变成了只为自己而画。如果没有教养深厚的士大夫群体的存在,这类艺术的出现是难以想象的。

日本的战国时代,戎马倥偬,学问仅凭僧侣、公卿一类人传承。虽说是僧侣、公卿,但很难说都是知识分子。进入江户时代后,社会形势渐趋稳定,幕府在各藩创办学校,鼓励文教,这才形成了以学问立身的特殊阶层。他们有的是僧侣,有的是武家,也有的是町人,多数人都有着自己的职业,因此将其统称为一个阶级可能并不恰当。这些人自然地聚集到一起,相互联系,形成了一个小型的社交圈,这恐怕才是它的真正意义。

这一社交圈形成的具体时间自然难以确定,不过大约始于元禄年间(1688—1703),在文化(1804—1817)、文政年间(1818—1829)达到鼎盛。因此,文化、文政时期的一般风尚,与原先元禄前后的风尚形成了鲜明的对比,简而言之,文化、文政时期的奢侈已经摆脱了元禄时期的那种幼稚,开始变得有情趣、有品位。仅仅百年,日本人的审美眼光便取得了令人刮目相看的进步,其间中国情趣的传入起到了重要的推动作用。

七

如前所述,元禄年间以吉原为中心出现了町人的社交圈,且一时风靡全国。与之并行,随着学问的进步以及学者受到大名的器重,文人学者之间也形成了自己的社交圈,中心就在江户和京都。名儒们纷纷开设私塾招揽门徒,各地的大名也纷纷派出本藩的学子前去学习,从而以私塾为中心的文人学者社交圈逐渐发展起来。江户荻生徂徕的蘐园塾①和京都伊藤仁斋的古义堂②最为有名。这批文人学者经常聚会,相互酬唱。这其实已经不再是单纯的学问,可以说是一种中国情趣的文人雅集。这些文人中有一个叫祇园南海,③出自木下顺庵④门下,与新井白石⑤等人齐名,被后世尊为日本的南画之祖。

　　此前的日本绘画大体上都属北画系统,北画尊重的是技法和传统,因此,其绘画技法逐渐趋于形式化,从而裹足不前。加之不知何时又出现了日本化了的大和画流派,而这个流派又往往流于庸俗,这些都与文人学者的情趣格格不入,于是,尊崇南画的风尚便在文人之间流行了起来。这也是一种中国情趣。中国南画的起源可以追溯到唐朝的王维,但一直到享保年间(1716—1735)才传入日本,这是不可思议的。南画是在士大夫的闲暇基础上发展起来的,与作为商品的绘画有很大的差异,所以名作也不多。由

①　荻生徂徕(1666—1728),江户时代中期的儒学家,初学朱子学,后倡导古文辞学,私塾名蘐园,著有《蘐园随笔》、《论语征》等。
②　伊藤仁斋(1627—1705),江户时代前期儒学家、思想家,私塾名古义堂,著有《论语古义》、《孟子古义》、《语孟字义》等。
③　祇园南海(1676—1751),江户时代中期汉诗人、文人画家,被誉为"日本文人画之祖"。
④　木下顺庵(1621—1698),江户时代前期的儒学家,钻研朱子学,著有《锦里先生文集》。
⑤　新井白石(1657—1725),江户时代中期儒学家、政治家。

于南画没有传到日本,日本人自然知之甚少,即便前往中国,要想进入中国的文人社会圈也不是一件容易的事,所以即便是雪舟①这样的名人,渡海赴明后,带回来的也只是北画的技法。而在中国本土,对南画的崇尚却愈演愈烈,文人之间唯南画是崇,甚至还出版了类似画谱一样的南画集。这类画谱通过长崎这个狭小门户传到了日本。祇园南海是黄檗宗②的禅僧,可能还受到过长崎派画家的影响,据说对他影响最深的就是唐六如的《八种画谱》。不过《画谱》是雕版印刷品,制作得再精美,作为绘图作品最重要的要素——笔法,还是无法完美再现的。因此,日本的南画并不是直接观摩中国名画后受其影响而形成的,而是受到了印刷品的感染后自我形成的流派。它不是中国南画的翻版,而是一种创作,并因此发展成为杰出的南画,留下了能够与中国南画媲美的名作,这就是日本南画的特征,同时也是日本的伟大之处。

据说池大雅③曾向祇园南海请教过南画的技法,并在日本南画画坛上奠定了自己不可动摇的地位。大雅的绘画十分独特,甚至有人说它不同于所谓的南画。其实,南画本身就没有什么固定的标准,大雅的画称得上是更具南画特点的南画。

---

① 雪舟(1420—1506),室町时代后期画僧,1467 年随遣明船来中国学习水墨画技法,擅长山水、人物、花鸟画。
② 黄檗宗,日本三大禅宗之一。原是中国临济宗之一派,明亡后,黄檗山万福寺僧隐元渡日,在京都宇治建黄檗山万福寺弘法,1876 年改称黄檗宗。
③ 池大雅(1723—1776),江户时代中期文人画家、书法家,为日本文人画之集大成者。

溪山行旅
木米勇

木米作《溪山行旅图》

　　大雅之后,青木木米①有着不亚于大雅的独特的绘画技法。大雅的画和木米的画一眼便能分辨出来,两者均有着显著的个性。具体说来,木米的画更接近中国,是一种基于深厚的中国情趣而创作的绘画。他的画作中虽然也有超出常规的山峦侧峰,但一点儿都不觉得突兀。据说大雅和木米都是看着传入日本的中国南画名作起步的,但如今看来,他们看到的所谓名作可能都是赝品。读赖山阳②的《耶马溪纪行》,上面记载着类似于董、巨的笔法,事实上当时的日本不可能有传自中国的董源或巨然的绘画。赖山阳的文章中经其艺术加工的部分固然不少,但木米等人见到的南画似乎确有其物。既然木米等人是从赝品中得到的启发,可见这些赝品画也已经达到了真画的水平。

　　为绘作山水画,木米对皴法有很深的研究。皴法既用于表现大地的蜿蜒,又是表现山体岩石的笔法。大体上说,北画皴法线条硬直,南画则带有圆味,有一种柔美的感觉。可以说,南画的价值就是由皴法的巧拙决定的,这对于名家来说都是非常困难的。大雅的皴法意外地单纯,木米的皴法则十分复杂,发明出了各种不同的画法。木米本是陶艺师,对各种陶土的认识经验颇丰,从而也深刻理解到了山脉的种种形态,所以能在各种场合下尝试不同的手法。木米曾经设计过园林,他不顾别人是否能理解,只按自己的喜好任意将山石摆放出不同的景色,插图就是其中一例,

---

① 青木木米(1767—1833),江户时代后期陶艺家,曾翻刻清人著作《陶说》。
② 赖山阳(1781—1832),江户时代后期历史学家、思想家、汉诗人,著有《日本外史》等。

将看似仙人掌的山体或土丘重叠起来便是一道风景,由此获得了完美的成功。

关于木米,与他的画相比,我还是更想说说他的陶艺。

八

青木木米生于明和四年(1767),主要活动在文化、文政年代,天保四年(1833)去世,享年六十七岁。木米天生心灵手巧,年轻时曾经伪造过古钱币。搜集古钱币也是当时的一种时尚,这也可以算是日本的中国情趣。木米从古钱的情趣中发觉了古器物的情趣,三十岁左右开始尝试亲自烧制器物,他的这份决心是他在木村蒹葭堂①那儿读到了《陶说》开始的。大阪的木村蒹葭堂号巽斋,是当时关西地区文人社会的一大中心,他虽然也作南画,但造诣并不出众,他更出名的是拥有大量的藏书和古玩,且乐意向人展示,是一位家财丰厚的老爷子。他自称爱藏之物为书画、诗文、地图、器物、异产等,不涉足的领域有雅乐、管弦、猿乐、②俗谣、围棋等输赢游戏、妓馆声乐等,与元禄年间的町人相比,情趣已不能同日而语。与纪文和奈良茂不同,蒹葭堂喜欢在僻静的地方独

---

① 木村蒹葭堂(1736—1802),别号巽斋,江户时代后期的本草学家,曾向小野兰山学习本草,向池大雅学习绘画,致力于稀见图书、书画、古董的收集。
② 猿乐,即曲艺杂耍,日本古代、中世的表演艺术之一,能乐和狂言的源头。

木村蒹葭堂作水墨画帖

自写诗作画,用中意的器皿品茶作乐,这些都是内在的、合理的,是真正的奢侈。木米在蒹葭堂处读到《陶说》后大为动心,自己也想拥有一本,但《陶说》没有单行本,只好重金购买了收录《陶说》的八十卷本《龙威秘书》。当时这部书在京都只有三部,分藏于建仁寺、近卫家和某家,价格高达五十两。木米恐怕确实支付了这笔巨款,但为此而卖掉姐姐的故事应该是世人编造的。木米潜心研读《陶说》,在他死后家人还出版了该书的训注本。①

　木米是在读了《陶说》后才开始从事陶瓷制作的,这与前面所

说的祇园南海在看到画谱后开始创作南画形成了有趣的对比。为什么会形成如此的差异？如果先讲结论的话，那就是木米有机会接触到中国生产的实物。当时日本市面上多少有一些产自中国的陶瓷器，木米也一定看到了。但当时的日本人对瓷器似乎有些错误的认识，他们受到了茶水汤色观念的影响，认为只有像天目茶碗①那样又黑又厚的器物才是瓷器的真髓。仁清、②乾山、③颖川④等人也烧造出了明快美丽的茶具，但器物上的图案都是日本画的风格。在《陶说》的刺激下，木米认识到纯黑的天目茶碗并非中国陶瓷的正道，还有比这更加高雅的制法，既然已经看到了实物，那么就来学着烧造这些最高雅的器物。当然，在这期间当时煎茶⑤情趣的普及也起到了推动作用。

禅僧们热衷的抹茶饮用法，在其发源地中国早已成了过去。抹茶也许适合使用天目茶碗，但饮用煎茶时就需要色彩更加明快华丽的茶碗了。而且抹茶是在一个茶碗中来回轮流饮用，其实很不卫生，而煎茶在这一点上就合理得多。木米虽然也烧制抹茶茶碗，但更多的还是煎茶茶碗，从中更能够体现出木米的认真踏实。

---

① 天目茶碗，黑色或柿子色的铁质釉茶盏的统称。尤以中国南宋时期建窑、吉州窑烧制的兔毫釉、玳瑁斑、鹧鸪屎等最为著名。因中国江南天目山一带寺院常用而得名，由日本求法僧人带回。
② 仁清，江户时代前期陶工。宽文年间（1661—1673）在京都仁和寺门前筑窑烧造描金彩绘茶壶，称"仁清烧"。
③ 乾山，即尾形乾山，江户时代中期陶工、画家。模仿仁清的制瓷技术，又别出心裁，元禄年间（1688—1704）烧制了颇富雅趣的"乾山烧"，器上往往装饰其兄尾形光琳的绘画作品。
④ 颖川，即奥田颖川，江户时代中后期陶艺家。本经商，后转入文化领域。诸艺精湛，尤长陶艺，成功烧制了最早的"京烧"瓷器。
⑤ 煎茶，茶叶用蒸汽杀青后制成的绿茶，放入茶壶注入开水泡出茶汁饮用，别于将茶叶磨成粉末饮用的抹茶。

据说,木米最初烧制的陶瓷器是没有落款的,换句话说,木米最早的作品只是中国陶瓷的替代品,或者说是有意识地烧制中国陶瓷的赝品,但随着信心的不断增长,他的作品上开始出现了落款。非常有趣的是,木米对心驰神往的中国情趣并不是停留在一味地模仿上,而是有着进一步提升创新的自觉,他在自己的作品中都加入了日本的年号,从大的方面来说,这也是日本文化的自觉。

日本的文化不断受到邻邦中国的影响,并且不断地自我消化,创造出了日本独特的风尚。中国也在不断地进步,当时从中国带回来的东西,在日本倍受欢迎,有时生硬的中国风格会在日本就此风靡起来,人们甚至忘记了日本,一味地醉心于中国。然而,日本最终赶上了中国,意识到中国不足为惧,这就是日本的自觉。这样的过程在日本重复了多次,日本的自觉一旦开始就再也不会停止。元寇之役,①是日本政治上的自觉;镰仓时代的新佛教,是日本佛教的自觉;本居宣长②等人的国学复兴,是日本文学的自觉。我认为,木米的自觉,实际上是美学情趣上的自觉。此时木米的陶瓷作品,已经不再是中国情趣的陶瓷了,而是木米情趣的陶瓷,同时也是日本情趣的陶瓷。

木米的陶瓷作品跟他的绘画一样,有着鲜明的个性,让人一

---

① 元寇之役,指镰仓时代元军袭击日本的事件。
② 本居宣长(1730—1801),江户时代中期国学家,"国学四大家"之一。排斥儒、佛,提倡回归古道,对日本古典《古事记》、《源氏物语》等均有精深研究。

目了然。木米与赖山阳、竹田等人是至交,或许是因为这个原因,木米的陶瓷作品上经常出现诗句等文字,其实,这也是一种中国情趣,在木米以前基本上看不到。富有中国情趣的陶瓷器,此后还有著名的彦根的湖东烧,①但在木米之后,仅凭一人之力创造出鲜明个性的不拘常规的陶艺家,就只有永翁一人了。永翁虽是明治以后人,但也深受木米的影响,目前还找不到介绍永翁的专著,我自己也没有什么深入的研究,因此很可惜不能做更多的说明。至少我认为他是一位值得人们关注的陶艺家,应该获得更高的评价。

九

德川幕府统治下的江户时代是一个闭关锁国的时代,日本看似进入了休眠期,其实在很多领域都取得了飞跃性的进步。在中国学领域,日本在江户初期到享保年间(1716—1734)的百余年间,一口气就实现了中国从宋朝到清朝的发展,特别是山井鼎,②其所著《七经孟子考文》传入中国,令清朝的考据学大家大为惊讶。南画也发轫于享保年间,很快就取得了长足的进步,出现了大雅、木米、竹田等著名画家。据内藤湖南博士的高见,竹田的画

---

① 彦根,位于日本滋贺县境内,琵琶湖东岸,故称"湖东烧(陶瓷)"。
② 山井鼎(1670—1728),江户时代中期学者,所著《七经孟子考文》,以考证严密而著称。

作,与清朝嘉庆前后的南画风格是契合的。如此说来,日本的南画,仅用了一百年,就实现了中国从唐朝到清朝的发展。

另一方面,此时的兰学①也非常发达。兰学的发展虽然受到了各种束缚,发展颇不自由,但最终在江户时代末期成为核心理念,兰学的继续发展就是明治以后的西洋学,所以,日本引进欧美技术绝不是从明治时期才开始的,而有着更深的渊源。当然,西洋学在明治以后的飞速发展,则是有目共睹的事实。

随着江户时代兰学的兴起,一般人的生活中也开始流行南蛮情趣,②这与明治以后西洋情趣的流行如出一辙。明治初年提倡文明开化以来,西洋事物大量涌入日本,传统的日本情趣、中国情趣自然受到了很大的冲击。然而,过去我们曾经汲取中国情趣并使之与日本的生活相协调,如今在接纳了新的西洋情趣后,也定能使之逐渐转化为日本的东西。不过,有一点也是不可否认的,明治初年正值社会剧变,政治家、实业家等新兴阶级急于走向前台,在情趣方面再次出现了那种原始性的奢侈倾向。还有,在此前欧洲爆发大战的所谓景气时期,部分人又一次回到了原始性的奢侈上。他们的余毒至今尚未肃清,而现在又是一个需要自我约束的时代,我想这反而能成为日本情趣朝着错误方向发展的当头棒喝。

---

① 兰学,江户时代中期以后通过荷兰语研究西方学术、技术、海外情况等的学术总称。
② 南蛮,即南洋,是对暹罗(今泰国)、吕宋(今菲律宾)和爪哇(今印度尼西亚)等南方地区的旧称。因葡萄牙人、西班牙人经南蛮来到日本,故亦称葡萄牙人、西班牙人为南蛮。所谓"南蛮情趣",实为带有葡萄牙、西班牙文化特征的情趣。

雷之所以称为天神

一

　　说到北野,①就想到天神;说到天神,就想到菅公,②菅公独占了"天神"的称号。但仔细想来,此事颇为蹊跷。顾名思义,天神就是上天之神,对于身为人臣的菅原道真来说实在有失妥当。就连菅公自己在流放筑紫③的途中还吟道:

　　　　口不能言眼泣血,俯仰天神与地祇。

他做梦都没想到,自己死后竟然会被尊为天神。荻生徂徕①在《南留别志》中提到:

> 所谓天神,非独菅家,总言之,非国津神者也。国津神者,乡贤也。天神者,名宦也。

把乡贤和名宦分开考虑,是荻生徂徕的中国情结所致,但这样的区分是否也通用于日本?这不无疑问。不过,天神非独指菅公,这一点却是事实。出云和伯耆②交界处的海湾中有一个小岛,岛上有祭祀少彦名神③的手间天神,经后世所讹,今天已被误成天满天神(见《神代卷·藻盐草》)。而京都的五条西洞院有五条天神,祭神是大己贵神和少彦名命,这应该才是真正的天神。正如《菅家实录》所言:"按,崇祀菅灵者,首为太宰府,北野社次之,其余诸国所言天神之社者,多不祀菅灵。虽言上古之天津神,然亦多为后世之误。"

菅公被祭奉为天神,是因为人们相信他变成了雷神。这样说来,菅公被当作神明祭拜,本身就托了雷的福。据史料记载,菅公遭贬是在延喜元年(901),这一年的七月二日,雷鸣大作,朝廷为

---

① 荻生徂徕(1666—1728),江户时代中期儒学家。
② 出云,日本旧藩国名,今岛根县东北部。伯耆,旧藩国名,今鸟取县西部。
③ 少彦名神,日本神话中高皇产灵神之子,体小而敏捷,富忍耐力,与大国主命共同负责国土的经营,创立医药、禁厌等法。

求得宇佐八幡①的神虑,命藤原清贯为奉币使,②南下九州告祭。由此看来,早在菅公生前,就有人怀疑他与雷神有着某种关联。两年后,菅公卒于筑紫,这种不祥的预感终于变成了可怕的事实。

菅公薨卒的延喜三年七月,发生了持续的旱灾,灾情严重,似乎万物皆将枯死,但这一次并没有出现其他特别的灾异。然而,到了延喜四年闰三月,天下疫病横行;四月,电闪雷鸣;七月,再次发生持续的干旱。延喜五年四月十五日,月食的同时出现了大彗星,从当天到五月三日,彗星连续二十多天悬挂在乾方的空中,彗尾的光芒三十余丈。延喜六年四月,雷雨风暴,夹杂着青梅大小的冰雹。延喜八年,夏天持续炎热,祈雨毫无效果,向京都和各藩神社奉币告祭也不得灵验。到了十月,风雷甚急,甚至发生了参议藤原菅根遭雷击致死的事件。菅根是密议贬谪菅公的主谋之一。延喜九年,菅公的政敌藤原时平病故,年仅三十九岁,对于政治家来说正值黄金时期的年纪。灾祸远没有就此停息,延喜十三年三月,反菅公派的领袖源光外出狩猎,却身陷泥潭而死于非命,众人前来寻找他的遗骸亦无功而返。同年八月,同样是谗害菅公的藤原清贯上殿时,一只口衔老鼠的鸥鸟飞来,将老鼠掉落在他的肩上。清贯当时并没有受伤,但到了延长八年(930)六月,响雷击中了清凉殿,清贯被雷火烧毁上衣,胸口破裂,当场毙命。右中

---

① 宇佐八幡,又称宇佐神宫,位于今九州岛大分县,为旧官币大社,祭神为应神天皇、比卖神、神功皇后。
② 奉币使,接受敕命携币帛(祭品)奉纳山陵、神宫、神社的使者。

弁平希世脸部被烧烂,仆地而死。藤原是茂拿起弓箭正欲前往,即被雷电劈死。近卫忠包、纪荫速等,也都死于烈火之中。此时距菅公的薨卒已经二十七年。[以上据西田直二郎博士《菅公与天满宫》(《历史与地理》第一卷第二号)及高山林次郎《菅公传》]

二

这些怪事当时闹得人心惶惶,大家都认为这是含冤流放的菅公的怨灵在作祟,但直到菅公薨卒后的第三十九年,即朱雀天皇天庆五年(942),家住右京七条的巫女多治比文子才首次在北野建起了祭祀菅公的小祠。据西田博士的指教,今天北野天满宫的西北角仍有火雷天神祠。火雷天神也有可能在更早以前就有了,这一点目前还难以判明。西田博士还提到,《扶桑略记》卷二三中有这样一段记载:菅原朝臣官复原职,位增一阶,烧却昌泰四年(延喜元年)正月二十五日之左迁宣命,敕封大富天神。文中的大富天神,或许就是火雷天神之误。呆庵①的《梅城录》曾引用此文,大富二字作火雷,更加证明了此说的可信性。《扶桑略记》的相关记载,是在延喜三年四月二十日条中以"一云"的形式出现的,附载了延喜元年闰四月十一日之事,而将菅公和火雷天神联

① 呆庵,即天章澄彧(1379—?),呆庵是其号,室町时代僧人、汉诗人。

系在一起，事实上恐怕要更晚些。

　　省略前文中提到的事件，藤原时平死后，同党接连遭受不幸。延长元年三月，皇太子保明亲王二十一岁英年早逝，亲王的妃子正是时平的女儿。随后，亲王与时平之女所生的庆赖王被立为皇太子，但年仅五岁便夭折了，其母也很快随之而去。接着，时平的长子八条大将保忠、其弟中纳言敦忠也先后病故，除时平之子显忠升任右大臣外，其余都早早过世，以至时平的血统最终断绝。从中获得最大利益的当属时平的弟弟忠平，忠平的子孙后来成为藤原氏的统领，迎来了大权在握的时代。

　　忠平虽是时平的弟弟，却与菅公交情匪浅，据说菅公左迁筑紫时，两人还有私人书信来往。忠平之子九条师辅于村上天皇天德三年（959）升任右大臣，就是他，营建了北野的神社殿宇，并扩大其规模，与多治比文子时代的小祠相比，景象焕然一新。经历冷泉（967—969 年在位）、圆融（969—984 年在位）、花山（984—986 年在位）三代天皇后，终于迎来了一条天皇（986—1011 年在位）的治世。永延元年（987），朝廷在北野举行祭典。正历二年（991），北野神社升格，进入了与石清水神社、加茂神社等同格的十九社之列。

　　不知何时起，朝臣文人开始把菅公尊奉为文道之祖。虽然天神的名号沿用了下来，但它源自火雷天神一事似乎已被人淡忘。花山天皇宽和二年（986），庆保胤等文士会集天满天神庙，上呈诗篇，据说这是因为天神乃文道之祖、诗境之主。三条天皇宽弘九年（1011），大江匡房的《北野社奉币文》中出现了"天满自在天神乃文道之大祖，风月之本主"的字句。天神之名被完整地保留了下来，但雷神之事已经被完全遗忘了。

三

中国也有天神的说法，最初如字面意思是指上天之神，在《周礼·大宗伯》中，天神是与人鬼、地祇相对使用的概念。后来，道教中的神灵也被称为天神，宋代宫城西北的广圣宫前殿排列着道家天神的塑像，他们都是道教之神（《续资治通鉴长编》卷一一六）。道教之神往往在天上监视着人们的行为，最终给出赏罚，这也十分符合天神的称号。

在天神的行列中，一度流行把雷称为天神。《五代史》记载，后唐庄宗曾于同光二年（924）祭祀雷山的天神，从雷山这个山名上就可以判断出来，这里的天神指的就是雷神。更加明确的事实是，宋代的今广西地区就把雷称为天神。宋代周去非所撰《岭外代答》，序文作于南宋淳熙五年（日本高仓天皇治承三年①），书中《志异门·天神》有如下记载：

---

① 南宋淳熙五年为公元1178年，应为日本高仓天皇治承二年。

广右敬事雷神,谓之天神,其祭日祭天。盖雷州有雷庙,威灵甚盛,一路之民敬畏之,钦人尤畏。圃中一木枯死,野外片地草木萎死,悉日:天神降也。许祭天以禳之。苟雷震其地,则又甚也。其祭之也,六畜必具,多至百牲。祭之必三年,初年薄祭,中年稍丰,末年盛祭。每祭即养牲三年,而后克盛祭。其祭也极谨,虽同里巷,亦有惧心。一或不祭,而家偶有疾病、官事,则邻里亲戚众尤之。以为天神实为之灾。

中国人把雷特地称为天神,在这个问题上,如果说《五代史》的记事还有疑义的话,那么,宋代广西地区的雷信仰则是明确无误的。日本的雷信仰,或许与之有着某种关联。

四

《岭外代答》引文中提到了雷州的雷祖庙,雷州就是中国雷信仰的中心地区。单说以雷字作为州名就是奇事,恐怕在古今中外相当于州一级的地方建置中,这样的州名都是绝无仅有的。雷州是唐朝贞观八年才命名的一个州,建置一直延续到州名被废除为止。之所以命名为雷州,这无疑与当地著名的雷信仰有关,而且这种信仰的历史还非常悠久。不过,雷州的雷最初广为中国本土所知,还是通过一些无稽之谈所传达的。据《唐国史补》,春夏季节的雷州无一日不打雷,进入秋冬则潜伏于地中,居民将雷掘出食用,味道与猪肉相似。这恐怕都是讹传,雷州的雷绝不是那么好惹的。据《太平广记》卷三九三《雷斗》所述,唐朝开元末年,雷州的雷公曾经与海中的鲸鱼展开决斗,数十个雷公在空中上下舞动,攻击露出水面的鲸鱼。或纵火,或猛击,战斗一直持续了七天,最后海水都被染成了红色,应该是鲸鱼被斗败了吧。

雷州有雷祖庙,所敬奉的神祇据说是个真实的人物,名叫陈文玉。南朝陈时,有一个叫陈琪的人到本州①遂溪县英灵岗打猎,发现了一个巨蛋,于是就抱回家中。这颗巨蛋周长一尺有余,某天正遇电闪雷鸣,一个男孩破壳而出,他就是陈文玉。进入唐朝后,陈文玉被举荐为秀才,担任本州刺史,任官期间大施仁政,州人感念他的恩德,死后立祠祭祀,这就是雷祖庙,据说还非常灵验。这当然是为了附会雷神信仰而捏造出来的传说,道教总喜欢把神仙比附为某个真实人物。

雷州不愧是雷的发源地,什么都与雷有关,仿佛缺了雷就没法过日子似的。此地确实多雷,据《雷州府志》撰者的观点,雷州地壳浅薄,阴阳之气难以深藏,一旦溢出地表就成了雷。雷州的雷的确很猛烈,雷声"崩轰砰磕",连邻县都能听得到,因此,雷在当地一定是比火灾和地方官员更加恐怖的存在。雷州有擎雷山,

① 今广东省雷州半岛雷州市一带,南朝陈太建四年(572)属南合州。

雷从山中而来。擎雷山上有个洞穴,与海南岛琼州息风山上的洞穴相连,雷州一打雷,琼州就刮风,琼州一刮风,雷州就打雷。从立秋前后的雷声中,就能判断当年的收成。立秋前打雷称雷打秋,是凶年的前兆;立秋后才打雷,叫秋打雷,这是丰收的预兆。当地谚语云:

> 雷打秋有作无收,秋打雷谷实累累。

还有谚语说,只要打雷,风刮得再大也不会形成飓风,而飓风会给当地带来巨大的灾难。中国自古以来都把冬雷视为不祥之兆,但在雷的发源地雷州却不是这样,立冬后的雷鸣不会带来任何灾异。当地人十分怕雷,如果有人遭雷击而死,就称其为阴雷所击,言外之意就是那人一定干了什么见不得人的坏事才遭雷劈的。响雷被称为阳雷,闷雷被叫作阴雷。不过,能劈死人的也不只是阴雷,阳雷也有狂暴的时候,两者均不能掉以轻心。

因此,雷州有很多与雷有关的地名。雷州城西北四十五里有雷公山,据说曾有雷落于此,因而得名;前文还提到擎雷山,这里可以说是雷的大本营,雷州之名也源于此;城南十八里有擎雷水,据说这条河流源自落雷之处。祭祀雷神的雷祖庙也有多处,雷州州治所在的海康县英榜山雷祖庙,应该是众多雷祖庙的大本山。此外,州东十五里的龙头村、州西十五里的调爽、州西九十里的足荣村各有一处,州城东关外天福庙的后殿有一处,遂溪县南一百三十里的傍山村以及邻近的零甲村、士礼村也各有一处,雷信仰在雷州的普及程度可见一斑。

五.

既然菅公的天神称号得自于火雷天神,即雷,那么天神信仰原本就是雷信仰。于是这里就产生了一个这样的问题,即日本的雷信仰与中国的雷信仰,两者之间是否存在关联?这样的大问题无法用一两句话来作出解答,但我强烈地意识到,两者之间有着某种关联。

天神的附属物中有牛,为什么牛最终成为天神的使者呢?菅公被流放筑紫时曾骑牛而行,这多半是后世的附会。筑紫太宰府的天满宫前也有牛,传说菅公卒后,牵引灵柩的牛在经过榎寺前突然就不动了,于是就把这个地点定为菅公的庙堂,建起了安乐寺,此后作为天满宫来祭祀菅公。这样的传说可以追溯到何时?白井宗因①在《神社启蒙》中说:

> 熊野之鸦、八幡之鸠、北野之牛等,皆不可晓之。

---

① 白井宗因,生卒年不详,江户时代前期学者,著有《神社启蒙》等。

把牛和天神联系在一起,其原因恐怕一时无从知晓。

不过,在雷州却能找到雷和牛的关系。雷州遂溪县傍山村的雷祖庙始建于唐代,以前被称为石牛庙。据说从前有人偷牛路过庙前,牛突然立地不动,化为石块,而且巍然耸立,直至后世。仅凭这个故事似乎依然无法阐明雷和牛的关系,但考虑到雷州雷祖信仰的动机,多少还是能够提供一些线索的。那就是雷信仰与农业存在着密切的关联,而牛正是农耕最不可缺少的家畜。

雷州城东南七十里有时礼岭,旧传记载山顶有英灵岗庙,庙坛一直留存到清朝嘉庆年间。既然英灵岗是陈文玉父亲发现巨蛋的地方,那么英灵岗庙自然就是祭祀陈文玉的庙了,也就是雷神庙。山上还有一口井,干旱时人们多就此求雨,可见雷祖庙祭祀的不仅是雷神,同时也包含着雨神。

雷州徐闻县有乞雨岭,山顶有两座古冢。传说从前有十二个牧童,在山上饲养了一头家猪。有一次,遭遇干旱的乡人来到山上求雨,牧童就杀了猪,将之敬献给了神灵,即刻雷雨大作。雨过天晴,牧童已不知去向,于是乡人为他们招魂,并建起了坟茔。据说以后每逢大旱,乡人们都会上山祭冢祈雨,而且十分灵验。故事中虽然没有说明当时乡人和牧童求雨时祭祀的是何等神明,但从上下文来看,只可能是雷祖。

求雨不仅与雷有关,而且还与牛有关。雷州城南六十里有大牛岭,每逢干旱,村民们就到此求雨。

雷州是多雨之地,可一旦雨量不足,旱情就会比别的地方更加严重。据《雷州府志》，当地充足的春雨能保证当年的丰收，四月八日之雨最佳，美其名曰"杀虫雨"，只要下了杀虫雨，当年就不会遭受虫害。白雨也有利于丰收，白雨指的是阳光普照时下的雨，雨滴大而疏。夏季降白雨，最利于早稻的生长。雷不仅伴随着闪电和霹雳，还伴随着暴雨，干旱季节通过祭祀雷神来求雨，可以说是最自然不过的观念。既然雷还兼有丰收神的性质，那么，让代表农耕的牛作为神的使者，或者更进一步让牛作为主神的代理人负责降雨，也就没什么不妥的了。关于这一点，贝原益轩①《神祇训》中"天神当是田神，天田同音而误乎"之说非常值得关注。关于雷字的构造，以往通常把雨字头下的田字解释为鼓的象形，但这个田也许就是田地的田。仔细想来，雷与电或许是同一个字，后世因读音而分成了两个字。田的读音与电完全相同，均属霰韵，还有"殷殷田田"这样的形容词，也许同样能为我们提供一些启示。

六

雷信仰在中国由来已久。据说黄帝的妃子是嫘祖，这个嫘祖就非常令人生疑。黄帝的传说其实就是一种天文故事。蚩尤请

---

① 贝原益轩（1630—1714），江户时代前期儒家、教育家、本草学家，著有《慎思录》、《大和本草》等。

来风伯雨师,一时间暴风骤雨,于是黄帝请天女魃下凡驱散风雨,从而击杀了蚩尤,后来人们把黄帝比作太阳,嫘字的读音与雷相似,嫘祖即雷祖这一假说不无道理。《史记索隐》就说"嫘祖,一曰雷祖"。《索隐》还引用了皇甫谧的观点,称黄帝有四妃,元妃为嫘祖,次妃方雷氏,所以又称雷娘。如果《索隐》之说可信,那么,中国的雷信仰至少可以上溯到汉代;但如果《索隐》之说仅是司马贞的创作,那就只能上溯到唐代了。

把雷神信仰用于州名是在唐代,但雷神信仰本身绝非始于唐代,在遥远的古代即已存在。由此可以推测,这些地区原住民所使用的铜鼓,也应该与雷神信仰有关。雷州以英榜山的雷祖庙是雷神信仰的大本山,殿中安放着一面飞来铜鼓,虽然还没有听到过真正的鼓声,但鼓声或许很容易让人联想到雷声。铜鼓上常常装饰着青蛙,可以想象这也是求雨时使用铜鼓的缘故。如果真是这样,铜鼓的分布范围极广,可见古代雷神信仰的区域也非常广泛,只是仅在雷州一地留下了名声而已。

据《雷州府志》,明代嘉靖年间,提学魏校频频捣毁雷郡的淫祠,将没收的铜像赠予学校铸造祭器,雷神信仰当然也遭到了比雷更可怕的地方官吏的弹压。捣毁淫祠并非始于明朝,这是历代中国名臣都乐此不疲的行为,也许雷祖陈文玉的传说最早就是为逃避官府的弹压而编造出来的。雷州既然以雷为地名,那么只要将雷神冠以乡贤名宦的名分,官府就不会再来干涉。然而,宋代把雷神当作天神的做法,到了后代则被视为对名分的扰乱,从而遭到了严格的禁止,清代嘉庆年间编纂的《雷州府志》对此事就一字不提。雷神在中国虽然失去了天神的名号,但雷神信仰仍以其他形式保存至今。而日本则正好相反,虽然留下了天神的名号,但雷神信仰却几近全废。对日本的天神信仰和中国的雷神信仰,如果继续追寻下去的话,似乎总能归结到同一个点上。不过,这不是进入历史时期以后的文化影响问题,将之视为远古时期即广泛存在的一种民间信仰,似乎更加妥当。再说,西洋也有雷神信仰。众所周知,星期四(Thursday)就是雷神之日。只不过孤陋寡闻如我者,并不知晓西洋是否也把雷神称为天神,为免露拙,就此结束。

巴黎刊行的北京版日本小说及其他

一

　　拟了一个故弄玄虚的标题，不过这也没办法，因为接下来要介绍的书籍都是这样故弄玄虚的。昭和十一年至十三年，我滞留在法国首都巴黎，就像每天的必修课一样，总是徜徉在塞纳河边或波拿巴大道的旧书店里。就凭我这并不熟练的法语，与其去研究室拜访各位大师，还倒不如漫步于旧书店来得明智。当时看到的各类书籍中，有一类非常吸引我的眼球，这类书如同日本的洒落本，①愚弄人的成分非常多。其中有一本书上写着巴黎刊行的北京版日本小说，原名为：

---

① 洒落本，江户时代中期的一种文学读物，以花柳故事为主要内容。　　　97

《坦宰与内亚达内》扉页

Tanzaï et Néadarné. Histoire Japonaise. à Pekin. chez Lou-chou-chu-la, seul Imprimeur de Sa Majesté Chinoise pour les Langues Etrangeres. M. DCC. XL. (《坦宰与内亚达内》,日本小说,公元 1740 年,北京支那皇帝特许外国语印刷所独家承包,Lou-chou-chu-la 书店刊行)

北京当然没有这样的书店,这一定是巴黎的好事者所为。这

本书的序言写得非常离奇古怪,说:

　　本书无疑是古代最珍贵的文献之一,中国人对此十分尊崇,以至于把书的作者归结为孔夫子。实际上,作者是晚于孔夫子约十个世纪的著名学者奇罗霍埃。用他自己的话来说,这部书是根据日文版翻译的,而日文版又是根据日本原住民塞西亚内人的语言翻译的。曾有一名荷兰人长期滞留广州,为检验自己的语言水平,他试图尝试着用汉语翻译一些书籍,当时他得到的就是这本书。尽管翻译持续了三年之久,但译文仍然十分拙劣,他没有公之于众的勇气,于是带回了荷兰。他有一位名叫约翰·加斯巴尔·克罗高维斯·普特里兹斯的朋友,这位朋友曾经与学者爱马努埃尔·莫尔盖茨斯就希腊女神雅典娜的猎犬究竟是男是女,还是两者兼具的问题展开过激烈的论战,结果他的女性说赢得了胜利,由此博得了极高的名望。正值此时,这位荷兰人回到国内,于是请求普特里兹斯为自己的译本添加注释。普特里兹斯答应后,首先将此书翻译成拉丁文,同时添加了丰富的脚注。就在此书将以大开本出版时,普特里兹斯不幸去世了。他的两名外甥继承其遗志,增加注释后整理成大开本五卷在纽伦堡付梓。不久,不幸再次降临,这两人也因黑死病同枕而死。他们的不肖子孙未能继承父业,反而将父亲的著作权卖给了当时在纽伦堡的一名威尼斯贵族。贵族将此书带回威尼斯,又把它翻译成了威尼斯语，但他并不精通拉丁语，在其兄弟的帮助下，借助辞典，好不容易才把它翻译了出来。经过了这样的折腾，原有的注释被完全丢弃，这也是无奈之举。而且在这里我还不得不承认，这次出版的法语译本更加不完整。因为威尼斯语是意大利语中最难懂的方言，译者并不精通意大利语，老实说只是向法国友人学过两个月而已，而那位友人也只在罗马住了六个星期，其间所学的也只是意大利语而已。但译者在用西方语言介绍东方书籍时，为便于读者的理解花了很多工夫，如将故事中出现的精灵名字希克·耐克·西克·拉奇哈切波费塔夫改成欧洲式的单名，等等，这些用心之处我觉得非常值得赞赏。

这真是一篇很坑人的序言。故事的内容也许比这更加坑人，或者说坑得更加拙劣。故事的梗概是这样的：现代无知的地理学家已经将塞西亚内民族从地上抹去了，其实他们曾经建立过强大的塞法埃王国（原话是"人民的幸福"），本书就是关于塞法埃王子坦宰的恋爱故事。坦宰王子正当立妃的年龄，与塞法埃王国有交往的十二个国家都把自己的王女推荐给了王子。国王很难办，于是把十二个王女都招到了都城，让她们轮流与王子交往一星期，最终由王子本人来选定。被推荐过来的才女个个都是百里挑一的美人，为讨得王子的欢心，有人发明了独特而优雅的步形，有人做出了各种新的表情，目送秋波，最后甚至表演出把嘴唇撅得比眼睛还高的绝技。

王子坦宰虽不从事学问，但也是个无所不知的俊才。虽说贵族总是有着无所不知的自信，但其实什么都不懂，而坦宰王子却不是这样，他既是歌唱家又是画家，还是音乐家、诗人和小说家，简直是无所不通的天才。王女们发现如此愚蠢的表演无法吸引王子后，又都同时把心思用到了成为闺阁诗人或画家上。十一个星期过去了，谁也没有获得王子的欢心，最终王子选择了内亚达内王女。接下来便是结婚的各种程序，虽然也设计了结婚当天和当夜的情节，但读来并没有什么猥琐下流的地方，姑且可以令人安心。

我购买的这本书中，还夹着一张该书的原主人或书店老板些的纸条，上面写着这本书的真正作者是著名的小克列宾（Crebillon fils）。纸条上还写道：

> 该书含有对大僧正罗汉、尤尼杰尼茨斯的法令以及梅努公爵夫人的讽刺内容。作者因写作此书，曾有一段时间被监禁于文森城中。

看来此书颇有来头。当时的书籍，最后一定会附上官吏的审查意见和国王的出版许可，但这本书却没有，因此也就不难理解为什么要谎称是在北京出版的了。只是对于我这样的门外汉来说，完全看不出究竟在这么地方隐含着什么样的讽刺，为了不出洋相，关于这本书的内容就说到这里。小克列宾还有一本著名的讽刺小说《索菲亚》，也号称是在北京出版的。

二

　　《坦宰与内亚达内》这部书，在法国硕学高第①的《法国的中国情趣》（Cordier：*La Chine en France*，1910）第 128 页也有介绍。如果这本书的作者真是小克列宾，那么他还有一部北京版的小说，书名是《索菲亚》，书名之下还特意加上了副标题"道德小说"。这部小说更为人们熟知，近年还出版了翻刻本。

　　如果听到北京版已经觉得没什么新奇了的话，那么还有日本版，而且是制作精美的长崎版，书名为《格里格里——真实的故事》。书的扉页上写着该书的由来：

Grigri, histoire veritable. Traduite du Japonnois en Portugais par Didaque Hadeczuca, compagnon d'un Missionnaire à Yendo ; & du Portugais en François par l'Abbé de*** Aumônier d'un vaisseau Hollandois. A Nagazaki, de l'Imprimerie de Klnporzenkru seul Imprimeur du très-Auguste Cubo. L'an du monde 59749.（真实故事格里格里，由在江户传教的友人迪答克·哈迪克兹卡从日语译成葡萄牙语，又由荷兰随船教诲僧某僧正由葡萄牙

　① 　高第（Henri Cordier, 1849—1925），法国著名汉学家、东方学家。

巴黎刊行的北京版日本小说及其他

语译成法语。在长崎,由官府特许的独家书肆克鲁坡曾克尔
书店印行,世界纪元 59749 年)

怎么看都觉得是个糊弄人的书名。

如前所述,当时的地下出版物,为了逃避官府的审查,往往托名
北京版或日本版,这样的书籍不仅见于法国,貌似都灵刊行的意大利
语书籍中也有类似的现象,如:

La Priapea, sonetti lussuriosi-satirici di Nicolô Franco. a
Pé-king. Regnante Kien-Long. Nel XVIII secolo. (普里亚佩阿,
十四行诗,尼格罗·弗朗科的放荡讽刺性文学作品,乾隆皇帝
治世,十八世纪,刊行于北京)

这是一部内容非常精致的韵文作品,似乎都是些情色故事,由于
不懂意大利语,所以无法知道书中究竟写了些什么。当时的出版
物,书名非常随意,竟然还有与《一千零一夜》叫板的书籍,名为
《一千夜十五分钟故事　鞑靼小说》。

Les Mille et Un Quart-d'Heure, contes tartares. à Lille. M.
DCC.LXXXIII. (一千夜十五分钟故事,鞑靼小说,里尔,1783
年刊)

103

《索菲亚》扉页 　　　　　　　　　《格里格里》扉页

　　令人惊讶的是,此书还通过了官府的审查,获得了出版许可。但作者不详,高第的书中也没有提到。

　　当时的欧洲人似乎是把日本、中国、鞑靼混为一谈的,说中国和说日本在感觉上并没有什么太大的不同。在法国一般说成中国,著名的香榭猴图案也被叫作中国图案,仔细观察就会发现其中非常奇异的现象,有一只猴子竟然穿着日本式筒袖的衣服。现今在贵妇人面前都不敢轻易说出口的猴子,在宫殿的墙壁和天花板上却纵横无阻地活跃着,堪称一道奇景。

　　而到了德国,同样的东西会被称为日本图案,真是十分奇妙。柏林郊外的波茨坦无忧宫中就有一座"日本馆",屋顶像一张倒扣着的莲叶,仔细观察盘踞在屋顶及装饰在内部周围的人物形象,虽然名为日本,其实更接近于中国。若去德累斯顿,还可以发现这里有"日本宫殿",现在已改成了州立图书馆,入内一看,装饰在面向院子的窗上和走廊柱础上的人物,正是法国人所说的中国图

波茨坦的"日本馆"

案。大概是法国把什么都称作中国,德国也不甘示弱,就以日本

波茨坦"日本馆"的内部装饰

的名义与之抗衡。将这样的东西冠以日本之名，恐怕没有什么值得感激的。

但到了德国的西部，慕尼黑的英国式公园中有一座中国塔，那才是货真价实的中国风格。

三

称中国也好，称日本也好，既不是出于讽刺，也不是为了迎合王公贵族们的外国情趣，完全是出于另外一个动机，这就是在欧洲出版与东亚有关的伪书。《普萨尔马纳扎尔的台湾志》这部书很早就为日本人所知，但很少有人知道与它南北呼应的《格朗茨比航海记》。

Les Voyages de Glantzby dans les Mers Orientales de la Tartarie：avec les Aventures surprenantes des Rois Loriman & Osmundar, Princes Orientaux；traduits de l'Original Danois；et la Carte de ce Payis. à Paris chez Theodore le Gras, grande Salle du Palais, à l'L couronnée. M. DCC. XXIX. （格朗茨比的东鞑靼海旅行记。附录，东方君主罗里曼王及奥斯姆达尔王子等人的亲历冒险记。由原书丹麦语译成法语。附加地图一页。巴

黎,即位五十年,公元 1729 年刊,审查毕)

本书说的是虾夷国的故事。格朗茨比本是丹麦人,从哥本哈根乘船出发来到印度,在日本近海遭遇暴风雨,漂至虾夷岛上。格朗茨比并非其真名,而是虾夷岛民给他的称号,意思是"光辉的所有者"(porte-lumiere)。他的胸前挂着磷光的奖章,所以获得了这个称号。

故事的开头部分是这样的,作者肩负在日本彼岸发现新大陆的使命,于是与同伴们驾船出海,在日本近海一边航行,一边与日本人战斗。由于书中采用的都是第一人称,因此以下的介绍也用第一人称。书中说:我在途中遭遇了暴风雨,船只之间都失去了联系。同船的人员亦已厌倦了漫长的航海,扬言要去美国当海盗。我坚决反对,但他们没有当场跟我争吵,在我发现新陆地上岸考察时,他们抛下我扬帆而去。但看在多年友情的份上,他们不愿让我陷入过于悲惨的境地,临走前留下了相当数量的武器和粮食。

事后想来,此地应该是虾夷的海岸。几天后,三个岛民把我抬上了帆船,带到了他们居住的城镇。他们把我带到了当地的蛇寺,让我目睹供奉牺牲的场景。只见一个青年被五花大绑拉了出来,两个长老命令打开院子里的橱柜的门,一条三丈多长的大蛇游了过来,把青年往肚子里吞,青年的身体从脚到膝盖都已被大蛇吞入腹中,至此,我还觉得青年还有得救的可能,同时也领悟到,如果这样下去,自己也一定会遭受同样的命运。于是我急忙

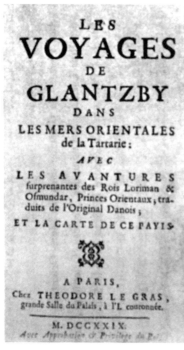

《格朗茨比航海记》扉页

掏出手枪，瞄准大蛇的心脏开了一枪。子弹刚好命中，大蛇在原地来回翻滚，吐出青年来后又朝我扑了过来。于是我开了第二枪，子弹从它的口中射穿了头部，终于给了它致命的一击。群众四处逃散，再看青年的身体，一点都没有融化，全无性命之忧。一个貌似青年的父亲的男子朝我跑来，匍匐在我脚下跪拜，然后把青年扛走了。我在蛇寺放了一把火，把这里的一切都烧成了灰烬。

逃出蛇寺的长老和群众，出于恐惧纷纷聚集到了我的周围，以后一直对我敬若神明，用尽一切方法来款待我。但自上岸后，我没见过当地人相互攀谈，他们竟然都是哑巴。我和他们一起和平相处了六个月，有一天，六名官吏带着骑兵队来请求我与他们同行，他们都不是哑巴，但我当然听不懂他们在说什么。跟着他们走了好几天，来到了一个酷似波兰农村的小城镇，最终被带到该国蛇寺的院子中面见国王。国王和我的跟前都站着一名官员，看来像是在询问什么，恐怕这名官员就是被我杀死的那条大蛇的饲养者。接着,官吏又把我射杀大蛇的威力和用奇术为人治病的事迹指手画脚地禀告了国王。国王听后神色惊愕,于是唤出一位看似王女的美丽女子。我在国王的要求下为该女子诊断,她的腹中无疑有蛔虫在上下蠕动。我马上给她开了一副驱蛔虫药山道年,王女服下后反复呕吐,终于把三十五条肥大的蛔虫都吐了出来。我向国王进言,这一切都是国内信奉的邪神在作祟,如果放任不管,国家的所有人民都会死绝。国王似乎听明白的我的意思,听着听着便浑身颤抖了起来。飨宴之后又是向大蛇奉献牺牲的仪式,院中的橱柜门打开后,一条更凶猛的大蛇出现了。大蛇正要把一名牺牲者吞入肚中的时候,我立刻拔出手枪向大蛇的咽喉射出一发子弹,第二发子弹就完全结果了它。一名僧侣见此情景大怒,不由分说朝我射来一箭。危急之际,弓箭正好射在我携带的十字架上,应声而断。我立刻用手枪朝他头部开枪,僧侣应声倒地而亡。枪声吓得群众四处逃散,只留下国王、王女和臣僚们。我在国王的带领下来到他的王宫,王女吐出蛔虫后,因每餐都由我配制汤汁帮助她调理,于是很快就恢复了健康,国王大喜,把王女嫁给了我。

此国是位于虾夷岛上的诺奇贝特王国。有一天,接到了邻国诺列沃斯帝国派特使前来的消息,宫廷上下陷入了巨大的恐慌,这是因为诺列沃斯帝国比诺奇贝特王国更加强盛,武力上也更为卓越。派遣特使的目的,其实就是要把我引渡到诺列沃斯帝国。

我在妻子和国王岳丈的护送下,来到了诺奇贝特王国和诺列沃斯帝国的界河边,在此与国王和臣僚们告别,只留下妻子陪我进入诺列沃斯帝国的领地。诺列沃斯皇帝亲自来国境迎接,与我们一起回到了都城。第二天,皇帝邀请我参拜了本国的大寺院。不可思议的是,在这异端的寺院中,我竟然发现了十字架、望远镜和一个口袋。寺院传说,接触这些物品的人将有性命之虞,但我坚决请求皇帝让我摆弄这些东西。我调好望远镜的焦距后交给皇帝和大臣们观看,他们都欣喜若狂。接着,我获得许可独自对口袋进行检查。皇帝宣称要在寺中住宿两日,让仪仗兵都去休息,在院中支起了帐篷,准备起居。

晚饭后,我独自来到寺中取出口袋,打开一看,里面装着罗盘、一小捆引线和一桶火药,此外还封存着一张纸片,上面用荷兰语写道:

告打开此包的基督教徒:使用此物可使你免于生命危险,如果可以,请替我向此地的僧侣复仇。西历1602年,六十余荷兰人漂泊至此,除我以外的所有人都被僧侣残杀,我以妇人之身留得一命,却日夜遭受僧侣的折磨,生不如死。

接着,我又探查十字架后的墙壁,从中发现了一卷《圣经》、金刚石和一包黄金。我把宝石和黄金献给了皇帝,皇帝原封不动地赏赐给了我。

以前我就听说,皇帝的身份一直是个谜,很可能是在海岸边被打死的女巫术师的孩子。我借皇帝指着《圣经》向我请教的机会，回答道：唯有此书能够告知皇帝的母亲为何人所杀，又将如何报得此仇。皇帝听后愕然失色，但最终还是恢复了平静，与我商谈如何才能为他死去的母亲报仇。此间的谈话全都是通过我妻子的翻译进行的。

我趁着夜色在偶像的台座下埋入了火药，用湿纸包住一小块磷片放在旁边。后来，僧侣们前来集体巡夜，皇帝指使士兵守住寺院的出口，下令任何人不得无故离开。一切如我所料，两小时后火药轰然爆炸，僧侣们无一幸免，周围的士兵也很幸运，没有受伤。

此后，我成了皇帝的军师，获得了莫大的信任。就在当时，传来了北方属国诺尔贝奇国叛乱的消息。我借助火药的威力攻破了叛军的要塞，但没有对他们穷追不舍，而是为诺列沃斯和诺尔贝奇两国的和平进行斡旋，让诺列沃斯皇女嫁给了年轻的诺尔贝奇国王，努力促成了两国的友好。邻近诸国听说这一消息后十分惊恐，一旦富裕的诺列沃斯帝国和雄略无双的诺尔贝奇王国联合，就足以威压周边的国家。诺尔贝奇国北方的阿里蒙国王出于忧

《格朗茨比航海记》卷首所附地图

虑,终于率先起兵。年轻的诺尔贝奇国王与岳父诺列沃斯皇帝商谈后,亲自率兵前往征讨,我也在远征军中效命,与年轻的国王运筹帷幄。

接下来的故事是对他言听计从的国王的亲身经历……

够了够了,一点也没意思!读者们也许要抱怨了,笔者也不愿再做无聊的抄译来为难读者了。这个故事正好诞生在 1719 年笛福出版《鲁滨孙漂流记》后的第十年,当时,对未知世界的憧憬和探险正支配着西欧人的内心。作者在日本的西北想象出一个比日本更大的岛屿,上面还有诺列沃斯帝国,这些都是无稽之谈。但为了使这部航海记看起来更加真实,作者最后还附上了地名和人名索引,并且还第一次在书中添加了地图。在小说中附加索引可谓奇逸,但更重要的还是那幅地图。

四

格朗茨比登上的岛屿上,有诺列沃斯帝国、诺尔贝奇王国、阿里蒙王国,刚才为了方便起见,我姑且把这个岛屿说成了虾夷岛。不过,格朗茨比自己并没有这样说过,不如说虾夷岛是这个大岛之外的岛屿。从地图上来看,作为故事舞台的大岛位于日本的东北方,但北端和南端都没有标识出来,恐怕这个岛的南方才是虾夷岛。

　　说起来,虾夷岛进入欧洲人的地理视野是相当晚的事。在公元十七世纪初风靡欧洲的奥尔特留斯①绘制的地图中,日本的北方是一片空荡荡的大洋。

　　公元十七世纪后期,欧洲人关于日本北疆的知识有了更新的认识。1650 年萨森②绘制的地图中,日本的北方依然是空无一物,但在 1664 年都法尔③绘制的地图里,美国大陆伸出了一个巨大的半岛,覆盖在日本的北方,一直延伸到朝鲜半岛附近。这个半岛被标注为 IESSO,日本的最北端则写着"松前"。受此影响,萨森在 1669 年重新修改了地图,从美洲大陆伸出的 IESSO 半岛一直延展到远方,IESSO 和日本之间则出现了从西伯利亚伸过来的半岛,占据了今桦太④及北海道的一部分。半岛的东侧大体采用了桦太、北海道东海岸相连接的形式,这一定是吸收了荷兰探险队带回的知识。

　　1643 年,荷兰军舰卡斯特里克姆号和布雷斯肯斯号来到日本北部,开始对桦太及北海道的东岸进行勘测。但当时并没有能够明确两者的分合情况,拿到材料的地理学家往往下意识地将两地的海岸相连。又顾及这一带不像是从美国大陆延伸过来的,因此就将之附着到了西伯利亚一侧。萨森所绘地图的修订版就是这一

---

① 奥尔特留斯(Abraham Ortelius,1527—1598),荷兰地图学家、地理学家、近代地图绘制的创始人。
② 萨森(Nicolas Sanson,1600—1667),法国地图学家。
③ 都法尔(Pierre Duval,1618—1683),法国地理学家。
④ 即今萨哈林岛(库页岛)。

1650 年萨森所绘地图　　　　1664 年都法尔所绘地图

结果的代表。这种观点几乎被后世全盘接受,而且虾夷这个地名
也从西伯利亚转移到了覆盖日本北部的半岛上。

　　然而,随着俄国对西伯利亚地区的不断勘测,人们逐渐认识
到,西伯利亚不可能存在延伸到日本北部的大型半岛,IESSO 是与
西伯利亚相分离的岛屿。公元 1706 年鸠姆·德利尔[①]绘制的地
图中,虾夷就被画成了岛屿,但西伯利亚的东岸和虾夷的西岸之
间则用虚线来表示,表明这还是一种颇不自信的画法。

　　既然明确了虾夷是个岛屿,而且海岸与桦太、北海道相连,那
么它的纵向应该相当长。东西的宽度不得而知,若按比例计算,

　① 鸠姆·德利尔(Guillaume Delisle,1675—1726),法国地图学者。

1669 年萨森所绘地图的修订版　　　　　1706 年德利尔所绘地图

　　虾夷岛的面积也许会超过日本的本州岛,在这种观点的影响下绘制地图的时间相当长,图上的虾夷岛仿佛是加在日本北部的一个大脑袋。如果真有这么广袤的领土的话,那就是日本的大幸了。

　　格朗茨比的航海记正是这一时代的产物。当时西方人的地理勘测不断取得进步,对赤道周围已经有了相当详细和精确的了解,由此向南北两方延伸,南方则须弄清大洋洲的轮廓,北方还有千岛、桦太和北海道的问题。他们曾试图参考日本和中国的地图来画出准确的海岸线,但这个目标很难达到。1706 年鸠姆・德利尔所绘地图中好不容易独立出来的虾夷岛,在后来 1723 年修订版上又重新被连成了半岛。

　　《格朗茨比航海记》的作者究竟在多大程度上带着欺瞒世人

的恶意？这一点不得而知，也许他只是想写出一部能与《鲁滨孙漂流记》媲美的小说来。好在这本书的读者并不广泛，或者说是拙劣到失去了读者，连高第都没有引用它，可以使它对世人的误导不是那么深。而普萨尔马纳扎尔①的《台湾志》则被翻译成了多国语言，拥有广大的读者，因此不得不说它诓骗世人的罪责要严重得多。

另外，关于日本北部的地理知识，日本人和西方人有着不同的盲点。日本人从一开始就知道桦太和北海道是分离的，遗留的问题是桦太与西伯利亚是否相连？如果是岛屿的话，究竟有一个

1723 年德利尔所绘地图的修订版

---

① 普萨尔马纳扎尔，生平不详。

18 世纪前半叶马
特乌斯所绘地图

还是两个? 直到间宫林藏①实地勘测以后,这一疑问才得以解决。
西方人则在刚进入十八世纪时就知道桦太和北海道是从西伯利
亚海岸分离出来的岛屿,马特乌斯②绘制的地图是其代表。1735
年杜赫德③出版的《中国志》中附有丹维尔④绘制的地图,桦太和
北海道作为岛屿这一事实最终得以确定。然而在很长一段时间
内,西方人始终认为桦太与北海道是相连的,直至拉彼鲁兹⑤的实
地勘测,才首次明确两者是相互分离的。

---

① 间宫林藏(1780—1844),江户时代晚期探险家,"间宫海峡"(鞑靼海峡)即以其名命名。
② 马特乌斯(Matthaeus),生平不详。
③ 杜赫德(Jean Baptiste Du Halde,1674—1743),法国神父、汉学家,著有《中华帝国全志》
　(即《中国志》)。
④ 丹维尔(Jean Baptiste Bourguignon d'Anville,1697—1782),法国地理学家、地图学家,曾将
　《康熙皇舆全览图》译成法文,传入欧洲。
⑤ 拉彼鲁兹(La Pérouse,1741—1788?),法国海军士官、探险家,拉彼鲁兹海峡(宗谷海峡)
　即以其名命名。

中国的开放与日本

——中国式的体制与日本式的体制

一

我们在阅读中国近世史时，最感兴趣的莫过于在对外开放问题上中国与欧洲势力的冲突。通常认为这是欧洲文明与中国文明的碰撞，但光说"文明"，就不免模糊了焦点。西洋的钟表和三棱镜早在明代就已经传入中国，中国人不但没有排斥，反而为其精巧珍奇而震惊，从而大加赞赏。天主教刚传入时，人们深感恐惧，但后来竟发展到皇族和高官中都出现了天主教徒。从明末到清初，天主教并没有遭到什么特殊的迫害，只是到了清雍正帝时才开始禁绝，许多洋人传教士被驱逐出国，但这并不意味着中国从此就采取了闭关锁国的政策。中国从一开始就执行着某些方面开放、某些方面闭关的政策，很难用一句话来概括究竟是开放还是锁国。唯一可以明确的是,中国自古以来就有着中国特色的体制,历代王朝都以中国式体制的维护者自居,这样的观念非常强烈,锁国也是为了维持中国特色的体制。即便如此,锁国也不是完全的锁国,锁国的同时依然渴望着开放带来的利益,锁国只是维持在一定的限度上而已。中国虽然不绝对排斥外国文化,但只要认定其对中国式体制有害,就会毫不留情地加以排除。如果中国正处在国富民强并能得心应手地选择各种对外政策的时期,那么,这样的态度并不会引起什么太大的困难。

然而,近世欧洲社会取得了长足的发展,创造出了可以称其为欧洲式的体制。他们来到中国,甚至强迫中国完全接受他们的体制,这就引出了一系列的难题。因此,只有把中国的门户开放过程,理解成中国式体制与欧洲式体制之间的碰撞,才能得出恰当的结论。

不过,所谓的中国式体制也绝不是亘古不变的,而是在长年累月之中逐渐形成并发展而来的,所以,若要究明中国式体制的真相,必须一口气上溯到几千年前的古代,去追寻它的成长轨迹。

二

翻阅中国古史,据说至少在夏商周时期,中国就俨然是一个统一的国家。其实,不要说夏商时代了,就是西周的极盛时期,所谓的"中原"，其范围也是极其狭小的。周朝实际的势力范围，不过是以今天的河南省为中心，加上陕西、山西、河北、山东、湖北各省的一部分而已，而且领土还分封给了大小的诸侯，诸侯之间只有宽泛的联合，周天子的王命绝无可能直接贯彻到全国。这样的国家形态，毋宁说更近似于古希腊的都市国家，天子所在的周，只是一个稍大的都市而已，麾下的诸侯，也不过是统治都市国家的君长罢了。这样的国家形态，在后世的中国式体制中找不到它的影子。所以，与其从后代的中国历史来追溯春秋末期以前的古史，还真不如从希腊、罗马史的角度来进行类推，这样其实更能够获得历史的真相。至于齐、晋间的争霸，也应该类似于古代西方雅典与斯巴达的争霸。

进入战国时期以后，形势略有改变。争霸的结果是无数的都市国家被统合成了几个地域，其中还出现了强有力的核心地域。以这些核心地域为都城，诞生出若干个统一国家，这就是战国七雄。在各大国的内部，原有的古代都市国家早已失去了独立的政治生命，沦落为从属于核心的地域。在战国七雄这样的新型国家之间，虽然相互对峙，但国家之间仍然是平等的关系，各国的国王都是独立的，既不隶属于其他国王，也无法令其他国王隶属于自己。

秦王灭六国，自号始皇帝，形势再次发生巨变，全中国只能有一个皇帝的原则最终得以确立。而且，皇帝不仅是中国人民的皇帝，理论上还必须是世界全人类的主权者，后世所说的"中国式体制",其实是在这样的理念下发展起来的。但具有讽刺意味的是,秦国在春秋战国时期并不被中原各国视作纯粹的中国人,秦国国君只是夷狄君长而已,人们敬而远之。从这一点上来说,中国式体制竟然是由"夷狄"最早拉开帷幕的。

强大的秦国很快就灭亡了,灭亡的原因之一,就是它创立的中国式体制反而招致了中国人的反感。六国的残余势力在默默地等待着反攻的机会,最终以秦始皇病死沙丘为契机,反秦势力在各地蜂拥而起,天下又重新回归到旧时列国纷争的状态。楚人项羽作为反秦势力的代表,击破了秦军,灭亡秦朝,随即在全国分封诸侯,满足于自己的宏图霸业。经历了随后的楚汉之争,汉高祖攻灭楚军,登上皇帝宝座,复兴了秦始皇创立的中国式体制。但由于中国式体制的创立时日尚短,缺乏应有的历史,因此,汉朝对此并不十分执着。汉朝天子与北方草原的强国匈奴约为兄弟,保持着对等的交流,甚至对称帝于南方两广地区的南越都没有加以责难。

汉朝把匈奴作为兄弟之国,原因是匈奴的势力过于强大。汉文帝曾给匈奴单于送去了一尺书简,当时的书简是剖削竹木后用漆书写的,通常长一尺,但皇帝的诏命可以使用一尺一寸的简牍,格式为"皇帝敬问匈奴大单于无恙云云"。匈奴单于的回信竟然使用了长一尺二寸的简牍,上书"天地所生日月所置大单于敬问汉皇帝无恙云云"。文帝对这般"无礼"的行为也只能好言慰抚,一心只求边境的安宁。

匈奴势力被击破后,汉朝的威势已是所向披靡,唯汉皇帝独尊的中国式体制得到进一步的巩固。汉朝前后延续了四百多年,进入三国以后,一时出现三个皇帝鼎立的局面,彼此之间产生了复杂的问题。蜀、吴两国的皇帝相互承认对方的地位,展开了平等的交往,而称霸于中原地区的魏国则不屑与其为伍。魏、蜀之间更加水火不容,最终都没有建立国家间的外交关系,但吴国有时会希望与魏国结成联盟,这时就不得不在名义上承认魏国的主权地位。

晋朝的统一未能长久,经历了"五胡"的混乱后,国家陷入了南北分裂,游牧民族入侵中原建立了北朝,中国人退守江南建立了南朝,两者之间相互对峙,中国式体制再度陷入了混乱。南北之间时有使节往来,当时可能遵循着平等的礼节,但二者之间的反感情绪极其强烈,书写历史时,北朝称南朝为岛夷,南朝则称北朝为索虏。当时往返于南北的使节肩负着非同寻常的重任,应对时的字字句句都力求不损伤国体。虽然南北朝的对立使中国式体制遭到了撕裂,但双方对中国式体制的执着却在这一过程中愈发深入,其继承者就是隋唐统一帝国。

隋唐是国力强盛的时代,同时也是长期郁积的中国式体制极度发挥的时代,这种冲动,驱使着隋唐君主时不时会发动看似毫无意义的对外征伐。把四方君长招致阙下,四方君长送上"天可汗"的称号,唐太宗的满足感可想而知。唐朝的历代君主为满足这样的虚荣心不择手段,比如把夷狄编入精兵之列,全然不顾会给后世带来怎样的恶果。当然这也是别有原因的,近年来史学研究者已经指出,唐王室虽自称出自陇西李氏,其实多半混入了夷狄的血统,并不能认作是纯粹的中国人。

唐朝的短视政策不久就迎来了反弹,胡人安禄山、史思明麾下游牧民族出身的雇佣兵团发动了叛乱,使全中国陷入了混乱,唐王朝的统治也从根柢上受到了动摇。唐朝虽然借助回纥等援兵扑灭了叛乱,但贼军的余孽在各地建立起了牢固的割据势力,中央的政命无法在地方得到贯彻。中央的唐王室也不得不向回纥可汗低头,虽然表面上约为兄弟,实际却不止于兄弟间的礼节。

唐朝灭亡后,时代进入了五代时期。南方出现了诸多独立的小国,甚至还有称帝的,这样的行为再次破坏了天子独尊的中国式体制。宋朝的统一虽然平定了南方各国,但却无法平定崛起于北方的契丹(辽)皇帝。宋朝在征辽中败北,宋真宗和辽圣宗订立了澶渊之盟,双方约为兄弟,自今以后两国之间必须以对等的礼节进行交往。中国式体制被辽国所伤的郁愤,反而促使宋朝热衷于向周边的小部族强加中国式的体制。听说盘踞在陕甘一带的西夏国自封为皇帝,宋朝立刻视之为谋反而加以讨伐。在连遭败绩后,宋朝只得以输送岁币作为条件,让西夏在名义上维持臣服的礼节。

辽国之后又出现了满洲人的金国,对于宋朝来说,这是比辽国更为恐怖的强敌。宋朝不知其本质而轻举妄动,最终上演了都城沦陷、二帝被俘的惨剧。好不容易保住了江南的南宋高宗与金国议和,勉强保住了社稷,但事实上已沦为金朝的属国,不得不忍辱称臣,并以拜受之礼接受金国皇帝的敕书。此时,中国式体制事实上已被完全击垮,但这样的愤懑愈发激起了中国人的攘夷情绪,也足以令人们相信,恢复中国式的体制才是中国人的使命。

元朝征服中国后,中国人借助蒙古人的势力暂时恢复了中国式的体制,并为之感到心满意足。蒙古人的蒙古至上主义与被征服者中国人的中国式体制合流,无意义的征服事业持续不断。反抗元朝统治的明朝更加执着于中国式体制,这份执着超越了过去任何一个王朝。但是在方法上,明朝从最初的凭借武力转变为诉诸经济,于是就有了明朝独特的锁国政策。

将双边的贸易行为适用到外交之中,使本国在国际交往之中保持有利的立场,这并不是明朝的发明,中国自古以来,至少从宋代起就已屡屡用来对抗外敌了。面对辽朝和西夏,宋朝将是否允许国境贸易用作外交上的筹码,但却不用于对付一般的外部国家。然而到了明代,双边贸易的门户只对承认明朝的主权、成为明朝的朝贡国、接受册封的国家才稍稍打开,对国际贸易加以严格的统制和监督。那些不属于朝贡国的国家,其商船一律不得靠近明朝海岸,明朝人除朝贡附带的官方贸易外不得与外国人交往,人民更是不许扬帆前往海外。明朝采取的虽然是锁国政策,但仔细分析也不是完全的锁国,不如说是极端的贸易统制。明朝的统治者认为,只要在贸易上采取了严密的国家统制,不费吹灰之力即可维持中国式的体制了。

　　但是,明朝的锁国政策很快出现了问题。中国自夸地大物博,认为各国在物产上必须仰仗中国,而中国则无求于外国,只要关闭贸易之门,外国就会摇尾乞怜,争相成为朝贡之国,但事实却并非如此。明朝也有许多国内无法自给的物资,如果朝廷想通过聚集天下的物产来向国内外夸耀财力,那么首先感到困难的还是朝廷自己。但祖宗之法又必须严守,因此,永乐皇帝在主动遣使展开海外贸易的同时,又四处招徕愿意前来朝贡的国家,这就是郑和的七下西洋。据说郑和还曾经来到日本,向足利义满进行游说。无论如何,朝廷自己所需的外国物产可以通过种种权宜之变得以解决,但民间的希望却不那么容易实现。如果朝廷的锁国政策长期不变,那么就必然会引发走私活动,而走私活动的最终结果就是招来了倭寇。嘉靖末年,明朝自食其果,倭乱变得难以收拾。到了隆庆初年,明朝政府终于在付出了重大的牺牲之后废除了祖宗之法,做出了开放漳州的英明决策。此后,大批华侨源源不断地下南洋求发展,如此说来,倭寇还是华侨之母。

　　清朝结束了明末的混乱,定都北京后基本上继承了中国式的体制,为维持中国式的体制,又基本上继承了明朝的锁国政策。但随着康熙年间台湾并入版图,禁止中国人渡海前往台湾,或禁止从台湾远渡国外几乎是不可能的了。因此,清朝对锁国条令进行了大幅度的修改,允许中国人外出远航,甚至在某种程度上允许外国人前来中国通商。但也正是从这个时期开始,西方人的船队频繁出没于中国沿海,这使统治者再次感到有取缔的必要。乾

隆二十二年起,西方贸易被限定在广东一港,而且还必须在严格
的监管之下展开,这样的情形一直持续到鸦片战争后南京条约的
签订。

<h1 style="text-align:center">三</h1>

与中国式体制并行,日本在外交上也有着自己的理念。西方
人和中国人动辄认为日本因靠近中国而被包含在中国式体制之
中,不得不说这是一个极大的误解。数千年以来,日本始终独立
于中国体制之外,保持着日本式的体制,并且不断地用日本式体
制撼动着中国。所谓外交上的日本式体制,就是国家之间相互尊
重对方的体制,在对等的礼节下建立外交关系,并且互通有无,互
利互惠。《汉书》以来的中国史书中,时不时会出现有关日本的记
载,虽然因时代不同而有浓淡差异,但中国式体制已经牢固成型,
因此,所有的记载都遵循着中国式体制的叙述。不过,偶尔也可
以看到一些记载,显示了日本始终主张采用日本式体制进行交流
的坚决态度。

日本在西汉时期就已经到达朝鲜海岸开展贸易,东汉光武帝
时,倭奴国王的使者到达洛阳。进入南北朝后,大和朝廷的使者
还屡屡到访南朝都城建康。

隋朝统一中国后,我国的推古天皇派小野妹子等人前往请求

建交。那时的国书格式是：

　　日出处天子致日没处天子，无恙。

当时的日本，从隋朝处于日暮（kure）之处这个意义上称呼中国为
"吴（kure）"，所以采用了汉文风格的"日没处"一词。隋代恢复了
断裂已久的中国式体制，加上隋炀帝又是一位虚荣心很强的天
子，看到日本要求对等外交的国书后很不高兴，下令以后再有这
样无礼的书信可不呈报。由于这条记录见于中国的《隋书》，想必
是可信的事实。小野妹子等人回国时，炀帝派遣裴世清为使者出
访我国。小野妹子称所携隋炀帝回信在途中遗失，而上呈的裴世
清所携隋朝国书则写着：

　　皇帝问倭皇

在中国式体制下，除非武力逼迫，否则绝不会对外国的主权者使
用"皇"字的。所以有人认为，大概是裴世清在原来的"王"字上
加了"白"字，这才终于使朝廷接受了国书。裴世清回国时，小野
妹子作为送使再次赴隋，当时倭国的国书上写的是：

　　东天皇敬白西皇帝

但这一事件不见于隋朝的记载。不久之后便迎来了隋唐的鼎革,日本虽然多次派遣遣唐使,但国书的赠答并没有实际进行过。由于日本式体制和中国式体制无法相容,居于其间的使者只好采用适当的方法加以掩饰,使两国都认为本国的体制得到了对方的承认。唐朝的访日使者高表仁曾与皇太子争礼,最后没有完成使命就回国了,这样不懂得变通的愚笨之人被后世史家批评为"无绥远之才"。

虽说国书的格式只是字句问题,但字句中包含着重要的意义。日本不断地与中国式体制抗衡,坚持采用日本式的体制,这一点具有重大的历史意义。

天子独尊的中国式体制确立以后,中国几乎没有认真考虑过与外国的对等交往,只有在遭到武力胁迫之际,为解燃眉之急才会被迫接受对等的国交,甚至不惜采取卑躬的臣下之礼,但这些绝非出自本意,表面上的对等只出现在被逼无奈的时候,可以说,中国根本就不存在充满诚意的对等外交精神。

但日本向中国提出的对等外交完全是发自内心的,是基于诚意的。日本绝不怕隋唐的武力,既然两国同时存在,比起战争和孤立来自然更渴望和平与协力,通过相通有无来互惠互利。对日本来说,从对等的立场展开两国之间的外交关系必定是最自然的想法,这种平等精神在东亚范围内是日本所独有的。虽然东亚范围内有时也有国家向中国要求平等,但都早已灭亡,只剩下日本数千年来始终维持着平等的精神,这就是日本式体制对于世界历史的意义。

四

　　大凡想在国际关系中保持独立的体制，就不能只靠虚言，而必须通过实力来守护。蒙古灭亡宋朝，招降了朝鲜，压制大陆后又开始进逼我国，这时必然会引发日本式体制与中国式体制的冲突。他们已经不可能承认存在与自身对等的国家，我们也无法承认存在超越自己的国家，如果对方要将自己的私欲强加给我们，那我们也就不得不奋起反抗。与中国历代君主送与外国的国书相比，文永、弘安之役前，元主忽必烈致日本的国书可谓言辞郑重，恳切之至。但即便言辞上郑重恳切，也终究是以中国式体制的理念为前提的，语词是否郑重恳切，这完全是对方的事，我们唯有拒绝。日本之伟大不在于创造了日本式的体制，真正值得骄傲的是面对任何情况，我们都拥有自卫防守的武力。

　　从元入明，我们的实力反过来伸向了大陆的沿海地区。我国国民乘小船到达朝鲜和中国沿海，与其边民展开贸易，但也屡屡引发纷争而骚扰各地，他们因此被称为"倭寇"。追根究底，明太祖之所以颁布锁国命令，重要的原因之一就是认为中国官民若与日本通商贸易，就可能会使中国式体制走向崩溃。

　　幕府将军足利义满屈服于明朝给予的利益，自称日本国王，加入了朝贡国的行列，一味贪图贸易的盈利，而选择不同道路的，正是所谓的"倭寇"。世人动辄将倭寇视若强盗,其实并非如此。倭寇本来都是外贸人员,他们的到来,目的是为了开放被封锁的海岸,与明朝展开贸易,他们尽可能选择稳重,在避免官僚干涉的前提下与中国边民进行交易。说起来,明朝的锁国是为了尽可能维持中国式体制而采取的政策,但当时的明朝官员似乎是把锁国本身当成了中国式体制,他们以破坏祖宗之法为由,袭击海岸的交易场所,捕杀从事对日贸易的中国人。从事贸易者的家人也遭连坐,被判重刑。为此,民间舆论慷慨激昂,甚至招来日本人帮助袭击官员,开始了复仇战争,这才是嘉靖末年倭寇泛滥的真相。

明朝的锁国政策并不把锁国本身作为目的,毋宁说锁国还有着第二层意义,那就是维持中国式体制的权宜之计。但最终的结果却是,为维护这一权宜之计,反而使全国陷入了混乱,明朝的命脉甚至有危及之虞。充满自信又刚愎自用的嘉靖帝驾崩后,隆庆帝继位,朝廷做出了英明的决策,决定改变祖宗之法,开放漳州一港,允许中国人从这里出海过洋,或从海外进口物资。当然,这还称不上是完全的开放,但至少明太祖理想中"片板不许下海"的锁国政策已经完全粉碎。具有讽刺意味的是,为明朝的门户开放做出卓越贡献的正是倭寇,倭寇无意中成为日本自开国以来对外方针的实践者。

丰臣秀吉的对明外交本来是应该沿着这条路线向前发展的,但当时两国之间的相互了解实在过于贫乏。日本不了解明朝对中国式体制有多深的执着,认为可以更加通融,而明朝也完全没有在意日本对于日本式体制的强烈主张。最终,谈判在封贡问题上触礁,这也是早已注定的结局。

德川幕府到第三代将军德川家光时,采取了与明朝相似的锁国政策。当然,这样的锁国也不是绝对的锁国,而是留有长崎一港允许与荷兰、中国的商船来往贸易,应当称为部分锁国。但是,这绝非日本肇国以来的国策,不如说是与传统的日本式体制格格不入的政策。

嘉永六年,佩里提督率领美国舰队来到浦贺要求通商。幕府最初以有违祖宗之法为借口加以拒绝,但实际上,幕府所谓的祖宗之法,乃是德川家光之法而非德川家康之法,更不是日本肇国以来的日本式体制。幕府最终倾向于开国,这不单是美国胁迫的结果,而是他们无意间领悟到,只有开国才能回到日本式体制的真正精神上来。日本对于这样的醒悟充满自信,继安政元年签订日美和亲条约后,安政四年的日美、日荷、日英、日俄通商条约和安政五年的日法通商条约陆续签订。此后的日本一直在门户开放的道路上迈进,明治维新以后还基于日本的主动立场怂恿东洋各国走向门户开放。世人动辄认为这是日本的欧化,殊不知这只是回归到了日本原来的状态。

五

然而,中国的情况却与日本迥然不同,在走向门户开放之前必须历经众多的迂回曲折。道光二十二年,清朝屈服于英国的武力,签订了《南京条约》,同意开放南京等五个港口与外国贸易。这也是一种门户开放,但不能说是部分开放,而只是"某种开放"。因为虽然表面上几乎是完全的开放,但精神上依然停留在锁国的时代。清朝固守唯我独尊的中国式体制,只是迫于外国的压力才选择开放,因此势必会出现这样一种异态。此时的英国人还没有明确地认识到,锁国政策的背后存在着牢不可破的中国式体制,他们一厢情愿地认为,只要打破锁国就能让中国走向开放。欧洲人逐渐觉察到中国式体制的存在,是在"亚罗号"事件后与中国的谈判过程中。

鸦片战争是天人共怒的英军暴行,"亚罗号"事件引发的英法联军占领北京,劫掠焚烧圆明园,更是罄竹难书的暴虐罪行。但是,本文的目的不在于究明事件的责任所在。英、法以武力迫使清朝签订的《天津条约》中,清朝最难以接受的有以下四条,这一点非常值得我们关注:

(1)英、法公使进驻北京

(2)英、法国民可至中国内地旅行

(3)内地长江沿岸设置开港场所

(4)支付赔偿金

以上的第(1)(2)点,在今天看来都是不成问题的常识,但当时遭到了清朝舆论的强烈反对。他们认为,外国公使进驻北京,可能会从根本上动摇唯我独尊的中国式体制。当时的反对言论称：洋人喜好面向大道建设高楼，即便有贵人经过也胆敢从楼上无礼俯视，还可能用望远镜眺望禁中动静。入觐时与天子抗礼，态度桀骜不驯，不肯屈服。以往恭顺的朝鲜等朝贡国若是看到此等情形，也可能对中国生起侮蔑之心，甚至可能唤起他们的异心。总而言之，可能会危及中国式体制的维持。

在谈判过程中，英、法采取的态度是故意坚持清朝难以接受的条款，而把带有实际利益的内港开放、支付赔偿藏于暗处，通过不立刻实行公使进驻北京和谒见天子的让步，将谈判引入对自己有利的方向。英国要求赔偿广东英商白银二百万两、咸丰八年大沽之战的军费白银二百万两，以及以后的军费白银四百万两，这已经是巨大的损失。法国更加贪得无厌，一口气就掠夺了军事费用白银八百万两。此外，美国也无端获得赔偿白银五十万两，英、法以二十余名俘虏被害为由索取的五十万两白银抚恤金，这就越发不成比例了。

当时的清朝内部分裂为主战派与讲和派，前者以怡亲王、郑亲王、肃顺为代表，后者以恭亲王、桂良为代表。主战派虽口口声声抗战，心中却没有必胜的信心；讲和派则执着于中国式的体制，对世界大势缺乏洞察。两者实际上是半斤八两。不过主战派使事态进一步恶化，以至蒙受圆明园被烧的惨剧，最后还是讲和派恭亲王出面，接受了英、法的要求，签订了《北京条约》，桂良则帮助在北京设立总理各国事务衙门，负责处理与各国的外交事务。

咸丰帝在主战派的簇拥下逃往热河，后来病死热河，没能活着回到北京。年幼的同治帝继位，怡亲王等人奉咸丰帝灵柩返回北京后，恭亲王就立刻与西太后密谋，以迅雷不及掩耳之势逮捕并处死了怡亲王等人，讲和派恭亲王的地位由此得以确立，以后的清朝，蹒跚地走上了开放道路。但是，先前英、法提出的公使谒见天子等问题依旧毫无进展，它的最终解决是通过日本之手完成的，这是最值得关注的现象。

六

明治维新以后，日本回到了原有的立场，在怂恿朝鲜门户开放的同时，也开始向清朝申请基于平等礼节的国家外交，谈判从明治三年（清同治九年）正式开始。清朝方面最早起来反对的是安徽巡抚英翰，他是否搞错了？声称日本古来就是臣服于中国的朝贡国。还是直隶总督李鸿章和两江总督曾国藩独具慧眼，主张不应无端拒绝日本的要求。李鸿章称：自大清开国以来，每年自江苏、浙江派官船至日本购入铜钱数百万斤，虽因发贼之乱而断绝，然中国商人往日本长崎滞留者络绎不绝，日本商人来中国游历者亦甚多。发贼威胁江苏、浙江时，日本未提通商要求，今日内乱平定，始来请求建交，可知其不含强加之意。日本古来并非中国属国，与朝鲜、安南情况相异。若拒绝太甚，日本恐与欧美诸国为伍以实现其愿望，最终与欧美结为党援，中国则失一友邦矣。

此前日本委员柳原前光来,言日本亦深受欧美压迫,愿与中国通商并齐心协力。至于在日中国商人申请欧美各国领事代理权益,则希望中国亦派遣领事前来,此言较为得体。明年日本将有特使前来,我等应早作谈判准备。曾国藩的意见也大体相同,称:西洋各国趁中国内乱之际,左手携有武器,右手伸前握手,常因一语不合而以决裂相威胁。然日本自大清开国二百年以来,未有纤介之嫌。现日本来求和通商,其理甚正,心中亦无他意。元世祖入侵日本失败,日本却无恐惧中国之念,而求平等之邦交,终究不可与朝鲜、安南等国之关系相提并论。且与日本通商对双方均有利,幸得日本首先提议,应迅速开始谈判。清朝采纳了李、曾两人的意见,既然日本委员是正四位的柳原前光,中国委员则派出对等的江苏按察使应宝时出来对应。明治四年,日本又派出从二位大藏卿伊达宗城,清朝则任命直隶总督李鸿章为全权大臣。

如此通晓事理的李鸿章,在谈判时却意外地拘泥于形式,为说服李鸿章接受大日本国与大清国的对等礼节,日本委员颇费了一番周折。日本方要求与欧美一样享受国民的治外法权,但却遭到了中方的拒绝。李鸿章甚至担心日本会重复倭寇的行为,在条约中另加了若聚众暴乱则从重处罚的条例,并为之沾沾自喜。后来的情况证明,这样的担心完全是杞人忧天。明治四年七月,《日清通商条约》签订。

《日清通商条约》的签订具有重大的历史意义。首先,日本终于实现了自古以来主张的日本式体制,换言之,此时的中国终于

135

撤回中国式体制,承认了日本式体制。如果仅仅从表象上来看,日本欧化了,中国也欧化了,于是认为两国是在欧化思想上签订了条约,那就完全不是历史学家的见解了。其次,该条约不以武力为背景,而是第一个基于友情之上的平等条约。英、法《北京条约》签订以来,欧美列国争相与中国缔结通商条约,但各国都在条约中强行加入了最惠国待遇的条款,从而均沾英法在不平等条约中攫取的单边利益,而日本没有施加压力,条约是在彼此地位完全平等的基础上签订的。

不可思议的是,具有如此重大意义的事件,在既往的日本史和东洋史的研究中都被草草处理了,即便非常详细的通史,也对此事不着一字,这一点值得我们深刻反思。

七

清朝的开放是迫于外部压力、立足于锁国精神上的被动开放,但唯独对日本的倡议是抱着欣然接受的态度。日本既没有提出传播基督教,也没有要求出口鸦片,所以最能令人放心大胆地谈判。但开放依然有一定的限度,在中国皇帝会见外国使臣一事上,对日本也毫不例外地采取了保守态度。虽然各国使节很早就提出了谒见皇帝的要求,但清朝一直以同治帝冲龄即位作为拖延的理由,这一难题同样是由我国首先解决的。

同治帝七岁即位,次年改元同治。同治十一年,十八岁的天子迎娶崇文山的女儿为皇后,第二年,东、西两宫太后停止垂帘听政,同治帝开始亲政。于是,俄、德、美、英、法各国公使一同发起照会,要求谒见同治帝。清朝首先就是否同意各国公使的要求发生争论,后来决定同意谒见。接着就轮到了该采用何种礼节的问题。自古以来,中国的群臣在拜谒天子时都必须行三跪九叩的大礼,朝贡国的臣下在朝觐时自然也必须遵从这样的礼节,至于朝贡国以外的国家则一概不予承认,这就是中国式的体制。针对这次外国公使谒见的礼节问题,清朝可谓伤透了脑筋。此前,清朝曾派遣志刚、孙家谷、崇厚等人作为使节视察外国的情况,他们在各国谒见君王时只行三次站礼。于是公使团主张以此为例,只行三次最敬礼,但朝廷提出反对,主张应入乡随俗,即便在外国以外国之礼简单了事,到了中国就必须按照中国的礼节,行三跪九叩的大礼。

中方照例因该问题而议论纷纷,吴大澂、吴鸿恩、王昕等人坚决主张让外国使节行中国之礼,否则就不同意他们觐见。特别是王昕,他慷慨激昂地说:中国异于外夷者,唯有礼节而已。夷人本非我族类,使其入内地杂居已是埋下祸种,若不趁此机会设立武备以挫败其要求,夷人只会越发难以控制。与之相比,恭亲王、李鸿章、曾国藩、左宗棠等人则明白得多,既然在条约中承认了平等礼节,就无须在此问题上强人所难。《南京条约》中已经宣称互不损伤国体,就只能听由外国决定了。但反对者依然不依不饶,称如果外国公使不行三跪九叩礼,就会有损中国的国体。

河南道御史吴可读的意见最为特别,他认为:外国人与禽兽无异,其君主地位可由人民随意废置,出门时妇女在前,男子在后,试问,彼可知亲亲尊贤乃国之九经,礼义廉耻乃国之四维?彼等对此事毫不关心,只知道追逐利益。既然不知仁义礼智信为何物,即便令其行五伦之大礼,也等于将猪狗羊马聚集一堂来模仿人样而已。一跪一拜都不是朝廷的荣誉,不跪不拜也不是朝廷的耻辱。既然允许将来历不明之人立为皇帝,还与本国皇帝相提并论,群臣不曾对此事深加讨论,如今却为何纠缠于跪拜之礼节?本人认为,不要让外国人学习中国的礼仪才更安全。重要的是,他们觐见时不知道会说出什么,还是事先把这些问题考虑好,以免应对时不小心招致麻烦。吴可读的言论虽然是极端的攘夷论,但在形式上却和开放论殊途同归,真是十分有趣。

其他大臣也意识到,公使谒见时可能会提出政治上的议论来祸乱朝纲,为避免这样的情况,政府对外交团早有叮嘱,而且为防万一,还规定公使们以列队谒见代替单独谒见。公使团也做出了若干让步,同意将三次立礼增加到五次。议论尚在进行之中,我国的全权大使外务卿副岛种臣已到达北京。

副岛外务卿的任务是批准并交换先前签订的《日清通商条约》,并对同治帝的亲政表示祝贺。副岛伯爵还要求直接向同治帝进呈日本的国书,但是在谒见礼节的问题上,中国方要求行礼五次,副岛伯爵则坚持行礼三次,因为行礼五次就不符合中国的礼节,应该遵循此前中国使节对外国君主的礼节。中方又提出,希望各国公使的谒见在前,副岛伯爵的谒见在后。副岛伯爵则坚持认为,自己乃是大使,各国的使节不过是公使,理应首先会见自己。其实,中方就谒见的问题已经和各国交涉了半年多,此时各方也都已陷入了厌倦,副岛伯爵此时强硬主张日本的独立立场,清朝似乎也希望首先承认日本的主张来使各国公使耳目一新。于是,原本纠缠不休的谒见问题,随着副岛外务卿的单独谒见、进呈国书和各国公使列队觐见的顺序顺利完成了。副岛外务卿仅行三鞠躬礼,而各国公使都是五鞠躬礼,他们知道后都十分懊悔。随后还有慰劳宴,各国公使都辞退了,唯有副岛外务卿欣然前往,受到了热情的款待。各国公使之所以要选择辞退,恐怕是不乐意坐在副岛大使的下座吧。

觐见的场所是紫光阁,这在后来又成了问题,因为紫光阁本是清朝给蒙古等臣属藩王赐宴的地方。但当时的清朝还没有同意在宫中宴请外国使臣,又找不到其他合适的地方,所以不深究场所问题才是副岛外务卿的真意吧。实际上,中国式体制下也不可能存在适合引见对等国家使臣的建筑物。明治二十八年后,清朝开始在宫中的文华殿接见外国使臣,但这里本是天子召见文臣接受经书讲义的地方,可以说也是一个非常不合适的场所。

是否跪拜,即是否跪下来行礼,这其实不是什么大问题。因为日本至今还跪在榻榻米上,主客相互低头问候,这并不是什么奇怪的事。古代中国人正如今天的日本人一样,屈膝而坐,坐下后再行礼。南北朝以后,人们开始在西方的影响下使用椅子,生活方式为之一变,站着行礼变得普遍,只有在面对君主的时候,古礼才得以保留。在君主面前必须特意跪下叩头,而接受跪拜,也恰恰被认为是君主的特权。日本古来就有站礼和坐礼,根据场所不同可以任意使用,既然中国皇宫中没有榻榻米,只便于行站礼,因此,副岛外务采用了站礼,仅此而已。

随着中国式体制不断受到冲击,在外交问题上不得不承认各国的平等立场,并因此影响到国内政治,君主独裁的中国式体制最终也变得无法维持。辛亥革命爆发,清朝崩溃,伴随着新共和国的成立,由秦始皇创立并维持了数千年的旧中国式体制也完全崩溃,继而建立起来的是全新的中国式体制。现在想来,旧的中国式体制本质上隐含着种种矛盾以及由此而导致的种种弱点,这种体制仅在强大武力的支撑下才能勉强得以维持。大约两汉时期是中国式体制的黄金时期,南北朝时已经出现了破绽,唐中期以后开始难以维持,宋朝越是执着于此就越是招来混乱,元朝依靠蒙古民族的出色武力而略有修补,但进入明朝就已经支离破碎,清朝在全盛时期还能勉强维持,最后国力衰落时反而因此品尝到了诸般苦涩,而且因此付出了巨大的牺牲。这样的体制竟然能够一直维持到几十年前,这实在不可思议。如果这种体制从一开始就不存在,那么,包括中国人民在内的东洋各民族,也许就能品尝到数倍的幸福。

中国式的体制本身就是难以维系的,强行维持就势必导致锁国,其结果是对外国的文明产生排斥的情绪,对理所当然应该采用的东西却不得不采取抗拒的态度,中国不知为此付出了多大的代价。与此相反,日本式体制在怂恿外国走向开放的同时,自身也始终都是开放的。对于外国文明,无论何时都是取其精华,去其糟粕,并且迅速将其日本化,用以强化日本式的体制。我们应当立足于这样的观点,来重新认识日本式体制的长处。

世人往往会对这一点产生严重的误解。过去的日本,既吸收中国的文明,也吸收印度的文明,而且还有波斯和阿拉伯的文明,到了近代,又吸收了西方的文明,能够吸收各地域的文明,这就是日本式体制的长处,日本也因此不断强化了自身。试想,如果日本因使用汉字而在中国人面前抬不起头来,那么所有使用阿拉伯数字的人岂不都在阿拉伯人面前抬不起头来? 信仰佛教的日本也要永远甘拜印度人的下风? 将世界各地的文明聚集一堂,把它们安置到日本式体制中最需要、最适合的地方,这是日本值得骄傲的地方,绝不是什么耻辱。最近出现了排斥过度使用外语的倾向,但这终究要从纯化国语的角度去实行。面对正仓院的藏品,任何人都会感受到浓郁的异国风味。那里有南洋的香料,波斯风格的水瓶,唐风的铜镜,它们都能存在于日本,在日本找到恰当的位置,实在难能可贵。这既是"万叶人"①的精神,也是日本式体

---

① "万叶",指日本最古的歌集《万叶集》,收录自仁德天皇(313—398 年在位)至淳仁天皇(758—764 年在位)约四百余年间的古歌 4 500 首,宫崎市定将生活在这一时期(主要是后期)的人雅称为"万叶人"。

制的精华,更进一步说,唯有具备了日本式的体制,才会有正仓院宝物的存在与保护。

东亚诸国有时也对旧中国式的体制发起反抗,但最终都被卷入其中,只有日本凛然独立,维持着独特的日本式体制,并不断促使中国式体制的反省,这在历史上值得大书特书。在欧美的压迫下,东洋各国或被征服,或沦为半殖民地,唯有日本不纠缠于应对的方式,只要无碍大局,就可以听该听之言,斥该斥之物,也就是在这样的过程当中,日本式体制的基础得到了不断的巩固和加强。

东洋史上的日本

前　　言

　　历史学经常会遭到这样的责难：现在眼前的事情还不能很好地了解它的真相，几百年、几千年前的事情怎么能了解呢？

　　这话固然不错，但是应该想到的是，了解事物的方法是多种多样的。例如，解剖人体，用显微镜对其组织进行观察，这对于了解人是怎么回事当然是一种重要的观察方法，但是不能说这就是唯一方法。这种方法能够了解到人的最细微之处，但是不能说这样就能够把人的全部都了解得清清楚楚。几十万年前的化石，它的组织什么的虽然已经完全破坏，但挖掘出来之后，加以研究，仍然是很有价值的。再拿人来做个比方，对其进行体格检查或智能测试，对这些数据展开严密的科学分析，但即使这样,对人而言依然存在着许多无法了解的部分。除了这样的平面材料之外,还有经历了时间磨炼的纵向材料,这就需要去看一看一个人过去的履历书。但是,我们可以想象得到履历书上都写了些什么,不过是罗列了一些什么时候入学,从哪所学校毕业这一类枯燥无味的文字罢了。重要的事情,什么都了解不到。这样的东西有什么用呢?可是说它有时还真的很有用,这一点很有意思。对于过去的事情,本来就没有一五一十全都了解的必要,而且了解得那么清楚也实在让人受不了,只要了解一部分就足够了。其实在很多情况下,只要弄清一个人不是由狐狸精变的也就可以放心了。

随着时间的推移,人们对过去发生的事件印象也就淡薄起来。资料佚失了,记忆模糊了。然而,很多事情正是因为已成为过去,以前隐藏不宣的事实反而暴露出来,这种情况太多了。当初赤裸裸的现实,总有一股势力在力图阻止它们公之于众。人生是利害关系互相纠缠的结果,当意识到某一事实的公开会严重影响到某一集团共同利害的时候,那么,这一股共同的力量就会竭力将之隐藏,等到利害关系完全淡薄以后才能公开发表,外交上的秘密文件就是最好的例子。战争结束了,革命爆发了,这一堆秘密文件也就变成了废纸,然后才能公开发表出来。需要隐藏的还不仅仅是那些大事,即使像个人意见这类小的方面,任何人在任何时候也不一定非要如实地表达出来。讲了实话,不是得罪这个就是触犯那个,因此不能轻易说出来,必须要有些顾忌。但是

经过若干年,追怀往事,在自己的回忆录、忏悔录中才能把自己的
真心话大胆地说出来。然而,因为都是人,所以不管多么坦诚的
忏悔录,其中说不定还有一些被隐藏起来的事实。不过,无论本
人如何隐藏,后人也能把他隐藏的事实推测出来。对于活着的
人,这么一揭露说不定就会发展成为难以收场的诉讼,但历史人
物则无所谓。我们对共产主义阵营对斯大林忽高忽低的评价总
感到有些迷惘,但要知道同样的事情还多得很。因此,要真正评
价一个人一件事,是需要很长的"时间"的。

这样看来,"时间"是公平的。然而,还有不亚于公平的"时
间"的,那就是"距离"。明治时期,西洋画刚刚进入日本的时
候,曾经流行过一句话:"油画和英雄,都要从远处来观赏。"我
觉得这不一定完全是自命为英雄的藩阀政治家为掩饰个人弱
点而寻找的借口。大火如不从远处看,就无法知道其全貌。
为了瞭望日本的全貌,也需要有一个相当的距离。不过,观察
地点既不宜放在红色国家,也不宜放在白色国家,最公平的
是,从包括红色和白色两类国家在内的无限广大的距离,站在
能够望见日本全貌的地方来进行观察,自然科学家的立场是
与此接近的。

一定有人会说这样的事情是办不到的,我看不会办不到。近
来已认真地谈论起来,说地球上的人到火星上去旅行并非不可
能,火星上的人或许也在计划到地球上来旅行。如果他们用性能
特好的望远镜,对地球的人类社会进行了很长时间的观察,他们

也一定能够写出地球人类的历史来。对于与地球人类的斗争完全没有利害关系的火星人来说,从无限长大的距离来观察地球的历史,也许才是最公平的,而这就是我在历史学上的努力目标。这样说时,一定又会引起这样一个质疑:既然都已经是过去老朽的事了,知道那么遥远的过去世界上发生的事又有什么用呢?那些事情对于今天的实践来说不是没有什么用吗?这种论调不是没有道理。但我从一开始就没有说历史学对于我们今天的实践会有什么直接的用处。历史学研究,你从事的越是基础性研究,那么它的效果就越是间接性的。总的来说,它的作用在于树立人生观,并由此来检验既有的人生观,但不能用作指挥今后行动的立竿见影的特效药。说到底,人生观就是个人的历史观。这个社会上,没有比到处奔波卖弄自己尚不成熟的人生观更令人困惑的事了。我们以前因各种组织中的教条主义,不知付出了多大的牺牲!不高明的政策和实践等,没有反而更好。什么都不做,天天睡午觉,那反而是件好事。

这次对我的要求是,重新观察一下日本在世界史上的形象。这并不是从已经弄清楚的世界史上把已经弄清楚的日本形象剪下来,然后考虑怎么样把它拼到一起的问题。既不是用西洋人的眼光或中国人的眼光来重新观察日本,也不是从西洋或中国人的立场上回过头来看日本。而是要暂时忘记自己是地球人,离开现实世界一步,用我自己的眼睛,对包括日本在内的世界形象进行仔细观察。这样做,真是谈何容易啊!

古代的日本

世界文化究竟是一元的还是多元的,这是一个辩论了很久的题目。也就是说,当我们面对世界古代史时,在埃及、美索不达米亚、印度、中国出现了这些特殊的文化,这些文化是相互之间没有任何关联而独自发生的呢? 还是在哪儿有一个最古老的根源,从那里传播到四方,从而形成了不同地区的文化的呢? 这就是问题的所在。因为这是几千年前相当遥远的事情,固然很难举出确凿的证据来加以论断,但是我总觉得一元论的传播说似乎更接近事实。我之所以这样说,是因为世界各地的古代历史,能够上溯的年代,并非以往那样依据传说有想象的那样远古,事实上并没有那么久远,这点现在已经逐渐弄清楚了。例如在中国,据说最早统一全国的天子是黄帝,他即位的那一年相当于公元前 2698 年,这完全是荒唐无稽的说法。中国殷周革命以前的上古历史,无法追溯到那样遥远。一般认为殷周革命发生在公元前 1120 年左右,但据我个人的意见,可能还要更近一些。印度的上古历史虽然比殷周稍早,但是,亚利安民族从北方侵入印度的时间是公元前 2000 年左右,北印度的历史可以说是从这个时期前后才开始的。与之相比,美索不达米亚、埃及的历史又要比印度古老得多,据说该地青铜器的发明可以追溯到公元前 3000 年或更早。美索

147

不达米亚和埃及相距很近，如果我们把它们视为同一个文化圈，那么就不难得出这样一种看法，即以这里为出发点，越偏近东方，文化的古老程度就越晚近。换句话说，美索不达米亚和埃及的文化，经过长时间的传播逐渐影响到东方，这种假设应该可以成立。

这种看法是否妥当呢？我个人认为是正确的。因为文化的任何领域，创造难而模仿易，可以说这是古今相通的。关于文化的创造，过去一向只从人类知识的发展或个人的天才等方面来考虑，但是我则认为，文化的创造必须要具备种种条件。例如就英国十八世纪以后的产业革命来说，邻近煤、铁产地，英国自身是个岛国，以及交通便利等，这些有利条件都必须具备。当然，这些地理条件自古以来就已经具备了，但是如果不到十八世纪这个时代，这些条件就无法发挥作用。几千年来不断积累起来的人类文化，尤其是在新大陆和印度洋航路发现以后，商业大大地兴盛了起来，给欧洲带来了繁荣，只有加上这些绝好的条件，产业革命的发生才有了可能。在以往的历史学研究中，往往把环境视为自然条件，甚至把它和历史对立起来，认为它似乎是历史学范畴以外的东西。其实，这种活生生的环境，恰恰应该是历史学必须面对的、而且必须从正面来掌握的对象。

美索不达米亚和埃及之所以孕育出了世界上最古老的文明，关于这一点，以往的研究似乎完全把它归因于这一地区洪水之后留下来的肥沃土地。这当然是重要的因素，但这不过是因素之一。既然具备了这样良好的自然条件，那么，文明的发生似乎不必等到公元前 3000 年,应该早在几万年前就应该发生了。因此,为什么到了公元前 3000 年左右才出现了文化曙光? 这确实是一个重要问题。其实,我们应该想到,这是经历了此前几万年人类历史的发展才得以实现的。换句话说,除了已有的自然条件之外,还由于社会、技术,也可以说是人为的条件逐渐成熟起来的结果。那么,这种人为的条件是如何成熟的呢?

一般说来,有利条件是从复杂条件的结合中产生的。无论如何,手里如果没有充足的棋子,布局就无法完满。而掌握了充足的棋子,如果局势窄狭,也难以布置。最好的办法就是交易。再也没有像交易那样又经济又有效果的了。所以和历史学家的预想相反,并不是世界已经相当进步之后才出现交易的,从远古未开化的时代开始,交易就已经出现了。到了新石器时代,黑曜石、硬玉等制作石器的材料就已经交易到了很远的地方。再从彩陶这些器物极广的分布范围来看,其中也必然出现了相当范围的文化交流。因此,所谓"完全孤立的人群"和"被隔绝的社会"之类的东西,实际上从来就没有过。人类的生活本来就像网眼那样环环相接,只是它的相接程度,越是远古时代就越不紧密罢了。

新石器时代世界的交通干线究竟通往哪里? 又是怎样通过的? 完全证实是有困难的。但试着从后世的情况来推测一下,也不至于陷入太大的错误。即世界交通的十字路,必定是在美索不达米亚的周围。这里一方面接近欧洲,另一方面靠近非洲,后面还有广袤的亚洲大陆。从北往南,从南往北,又从东往西,从西往东,所有物资交流的交通大道都在这里交错。换句话说,这个地方的居民有可能搜集到最丰富的文化和物资,并把它们最有利地结合起来。在这种情况下,他们就能够从兽类中选择最适合于饲养的种类,把它培育成家畜,从草木中选择最适合于栽培的种类,把它培育成作物,石材和衣服也能够从许多种类中选出最有用的东西。所谓文明,必须要由这些最有利的条件相互配合才能发展起来。人类文明的曙光先于世界各地首先发生在美索不达米亚一带,应该说绝非仅仅是因为局部的有利条件,而应归功于更广大的范围内人类共通积累起来的努力,为了完成进一步的飞跃,在这块土地上找到了突破口。在石器时代的几千年间,各地不仅独自地成长起来,而且还互相交换了有利的条件,从使用石器走向了金属器的发明,这一点确实很有意义。

人类发明并使用金属,尤其是青铜器,这无论如何都是一个划时代的事件。而这一事件一般认为发生在公元前 3000 年左右的美索不达米亚地区。从发生这一事件开始,人类生活的相互联系就越来越紧密了。在这以后,所谓"国家"这个形态也渐渐地明确起来。世界历史上最早出现的国家形态,就是通常所称的都市国家。

都市国家是四周建有城墙的独立国家,只是两三万人左右的普通小群体。都市国家的特征是群生的,而不是孤立的。因此除了领土狭小外,所谓的领土观念也比较淡薄。相互发生战争时,专使用战车,骑马战术还没有出现。战车和为了防御战车进攻而建设的城郭,都是都市国家的象征。都市国家的出现大致与青铜器时代同时开始,与青铜器时代同时告终。

美索不达米亚周围出现的青铜文化,逐渐向四方传播,但要想证实它的传播路线是有困难的。然而,印度和中国的青铜器文化作为这一传播的结果,则是相对容易推测的。不过,这种传播需要很长时间,从美索不达米亚传播到印度北部,其间约需一千年,然后再传播到中国北部,又需要一千年。这种传播并不是像铺设铁轨那样一步一步地计程前进,而是像马车那样,先在各处建设基地,然后再由此向前进发。因此,途中有些小的基地后来并没有获得很大发展,一直等到到达印度和中国那样的大平原上,大的基地才得以在那里成长起来,后来那里的发展竟超过了自己的祖国。

印度暂且不提。青铜器传播到中国北部的黄河流域后,那里便产生了殷周文化,形成了中国文化的源流。对于殷周时期的特种青铜器,不仅考古学家,就连美术史家、技术史家、古董家们,也都倍加赞赏,青铜器因此遐迩驰名。然而,因青铜时代的开始而引起的更加重要的历史事实,则是和西亚、印度一样,就是都市国家群在中国的出现和发展。大致到春秋时期,中国社会可以说是都市国家的时代。相互战争时,他们通常以战车若干乘来表示自己的战斗力。

从美索不达米亚传到东方的青铜文化,进入中国以后,更向东进,经满洲、朝鲜,不久便到达日本。但是,更有不亚于青铜器

出现的重要事件,这就是继而在文明的起源地美索不达米亚出现
的铁器文明。铁器发明的时间及地点也不是很清楚,但在亚述帝
国时代(公元前 800 年前后)已经大量使用,铁制武器代替了以前
的青铜武器。铁器出现的意义,与其说在于它的锐利,不如说在
于它的价格低廉和产量的丰富。在青铜时代前后继续的一千多
年间,生产不断累积,社会上的金属也逐渐丰富了起来。金属武
器的丰富很容易造成政治权力的集中,于是古代的都市国家开始
衰微,代之而起的是中央集权的大领土国家逐渐的成长。这种倾
向因铁器的出现而愈发明显。在亚述帝国灭亡之后,经过一段时
期的混乱,出现了波斯大帝国(公元前 550—330 年)。波斯帝国
的大一统,大致决定了西亚文化可能扩张的最大范围,给后世留
下了很大的影响。波斯帝国是世界历史所有古代帝国中具有代
表性的国家,而波斯帝国的大一统之所以能够实现,就是因为有
了以丰富而低廉的铁器为代表的生产和文化。

发生美索不达米亚的铁器文化,通过以前青铜器文化曾经走
过的道路向东方传播。但是,两者之间的传播速度却大相径庭,
铁器文化的传播速度远比青铜器文化快。这是因为青铜文化一
度通过之后,道路便已经铺平;还因为与青铜文化相比,铁器文化
是一种锐利得多的文化。一切锐利的文化,其传播速度可以说都
是很快的。这两种文化的东传,打个比方说就是,公元前 3000 年
从美索不达米亚出发了一辆青铜带篷马车,过了两千年,从后面
追赶上来了一辆铁制的卡车。

　　在这两种文化出发的基地美索不达米亚，从青铜器的发明到铁器的发明，其间大致经历了两千年。这一段时间，就是所谓的青铜时代，非常长。但是在接受这两种文化的地方，由于它的接收方式不同，青铜器时代大大缩短了。就中国来说，如果认为接受青铜文化是在公元前 1000 年左右，那么在它后面追赶上来的铁器文化，在公元前 400 年左右就到达了中国。这样，中国的青铜器时代就只有六百年了。因此，中国和青铜文化共存亡的都市国家也不过只有六百年左右的历史。由于它的历史较短，这就使都市国家没能得到充分发展。中国虽然存在着都市国家的时代，但历史学家却往往看不到这个事实，这是因为在都市国家的文明还没有得到充分发展的时候，铁器文化就进来了，随着铁器文化的进入，中国便很快出现了大的领土国家。

　　一般说来，古代的都市国家，是民主主义发展的温床。像柏拉图所说的那样，在都市国家内部，市民互相熟识，只要没有外部压力，市民就自然地处于平等地位。中国古代，以都市国家为背景，民主主义的思想和制度确实曾经取得了一些发展，但由于都市国家存在时间不长，这种发展最终受到了挫折。固然，兴起于美索不达米亚一带的各都市国家，究竟实现了多少民主，也还不很清楚。但是，由于西方学者脑子里始终存在着西方式的民主政治、东方式的专制政治这一固定思维模式，所以就出现了一种超乎必要地把两者的历史明暗面对立起来看待的强烈倾向。即使说希腊的各都市国家建立起了民主政治，也绝不是像古典主义者所赞美的那样,认为希腊到处都存在着乌托邦。希腊虽然大体上建立起了民主政治的完整形式,但必须注意到的是,它的背后有着古代东方世界都市国家的历史,它不过是承袭了这个历史并集其大成而已。而且,希腊都市国家的民主政治,其兴盛的时期绝没有那么长久。希腊以都市国家为背景发展起来的民主政治,在它们自己的历史之前,还有小亚细亚的都市国家,再以前,还有叙利亚、美索不达米亚的都市国家,只是经过了如此长期的不断积累,它们的民主政治才有进一步发展的可能。与之相反,中国虽然从美索不达米亚接受了青铜文化,但是它的都市国家并不是直接模仿了西方样式,而似乎是迫于它们自身的需要而创造出来的,所以它的都市国家的历史根基,说起来就更浅了。

　　中国从西方接受了铁器文化以后,都市国家的发展就出现了停滞并最终衰落,战术也由战车转变为骑马战,经过战国时期的抗争,最终出现了历史上空前的大一统,这就是秦汉帝国。传入中国的铁器文化,更向东方传播,经满洲、朝鲜而向着日本冲来。助长铁器文化东渐的因素,无疑是汉武帝的朝鲜经略。汉武帝在朝鲜半岛设置了以乐浪郡为首的四郡(公元前108年),后来中国人也知道了在乐浪郡的东方海上有倭人国。那时的日本还没有统一,分成一百余国,互相争斗,但每年都到乐浪郡来进行贸易。

　　日本对金属文化的接受,有其显著的特征。这就是,源自美索不达米亚的青铜文化和铁器文化,几乎同时在公元前后到达了日本。这就是说,青铜文化从美索不达米亚传播到日本,其间大约经历了三千年,而铁器文化在大约一千年的时间内便走完了相同的路程。因为铁器文化的出发大致晚了两千年,所以两种文化是差不多时间到达日本的。

在贯通亚洲东西的交通大干线上,日本处于东方的终点。因为从日本再向东去就是太平洋,再也无法向前进了。由于青铜的带篷马车和铁制的卡车同时到达了这个终点,日本一下子就被弄得不知所措了。还在新石器时代睡懒觉的日本人,一觉醒来便陷入了翻天覆地的骚动之中。所谓新文化的输入,就意味着以前并没有多大价值的那些东西,现在忽然产生了价值。首先产生价值的是人,把人捉住运往乐浪郡,就能作为奴隶出售。回来时就可以用出卖奴隶所获得的金钱买回铜镜与刀剑等物品。往乐浪去,船是必要的交通工具。于是造船用的木材产生了价值。上山伐木造船,需要劳动力,而维持劳动力的根本是粮食,粮食是从土地上生产出来的,于是土地又产生了价值,由于新交通路线的开辟,土地的开发一时间成了风潮。这种局势将来要发展到什么地步,谁也不知道。于是就有人急忙收购土地,垄断土地,最终成了大地主,这就是大和政权的王室。

因此,日本的古代文化,从性质上说来,可以把它叫作"终点站文化"。而终点站文化的特色是殖民地性质的,即出售自然资源,购入成品。一般都说日本本来是个资源贫乏的国家,但也不要因为这样就根本瞧不起它。只要价格低廉,商品就一定能找到销路。日本有海产品,有足够多的宝石,又有木材,但不幸的是人

155

口太多。日本古代的奴隶输出,是劳动力输出的一种形态。它同海外移民,或外出谋生,以及倾销商品,本质上是一样的。虽说如此,但也无须一味地悲观失望。人口过剩,也就足以证明生活的空间依然很大。从《日本书纪》等史书的记载中不难发现,因气候的异常日本也时常发生饥馑,但是日本的饥馑灾害还算是轻微的。世界上的任何角落都找不到真正的人间乐土,哪里发现了大资源,哪里就会有无穷无尽的烦恼。土地肥沃,人口增长,但此时饥馑一旦突然袭来,就会立即出现触目惊心的惨状。并且围绕着资源的所有权,你争我夺、互相残杀的现象也一再出现。日本在第二次世界大战中作为人类第一次体验到了原子弹爆炸那样的惨事,而类似的惨事,大陆上的人民自古以来不知道遭遇过多少次。因此,比起大陆来,日本的历史还算是好的!

终点站文化的特征是中央和地方的差距极大。尤其是在日本古代,文化的落差非常大,崭新的文化就像瀑布一样从大陆直扑日本,到了日本以后,又从中央流向地方。这就是说,那时的日本大致上还处于新石器时代,忽然间越过了青铜文化,从大陆直接传来了铁器文化。从战争方面来说,在人员还没有能够充分接受集体行动的训练之时,连引进战车的机会都没有,就传来了大陆上已经积累了丰富经验的骑马战术。在政治组织上,还没有明确制定氏族制度体制的时候,中国古代帝国的触角就伸了过来,当时更谈不上什么都市国家了。为了抗衡,也就不得不扩大范围,集中人力物力。首要的任务就是统一。日本的地理位置幸亏距离中国很远,当汉朝的政治势力东渐,在朝鲜南部遭到抵抗之前,日本就必须争取时间快速实现国内的统一,从氏族制度一跃而成古代帝国。这一过程,必须忍受各种强制和牺牲,要不然目标是无法实现的。大和朝廷对地方豪族的讨伐是惨烈的,使用出其不意的偷袭或乘对方睡觉时将其消灭等欺诈手段,死乞白赖地谋求统一。只要取胜就行,至于讨伐的理由,后人会找出来的。那时还没有后世武士道那样的精神。大和朝廷的做法,与明治政府有很多类似之处。他们的哲学就是相信权力即正义,胜利即荣誉。但幸亏这个大和朝廷完成了日本国内的统一,才使日本有时间赶上了外部世界的进步,终于可以喘一口气了,这一事实是不能否认的。所以,大和朝廷叫那些被它征服的人们歌颂自己,他们也就俯首听命地歌颂了起来。这一点,明治政府的做法与之同出一辙。

日本的统一,为什么是以近畿地区为中心完成的呢?这正好可以用世界文明的曙光为何出现在西亚这一相同的理由来加以说明。不难想象,在大陆金属文明传入日本以前的新石器时代,日本也有与当时的情况相应的交通路线,物资和知识的流动虽然缓慢,但也都在流动着。打开日本地图,一眼就可以看出近畿地区在日本国内正相当于世界范围内的西亚的美索不达米亚和叙利亚,如果要集中物资,积累知识,非近畿地区莫属。事实上,就在物资和知识逐渐向近畿地区集中的阶段,从大陆传来了金属文化,于是近畿地区自然就成了外来文化的终点基地。大

157

和朝廷在近畿的地位稳固以后,立即向各方派遣了四道将军。能够向四道派遣将军的地方,在日本境内除了近畿之外,再也找不出别的地方了。所以日本的历史尽管是受到了大陆的影响而发展起来的,但却跳过了接近大陆的九州,而是以大和平原为中心开始的。

日本的古代史,大致上始于公元前后金属文化的传来。到了公元三世纪,相当于中国的三国时期,大和朝廷大体上具备了政权的形态。到了公元五世纪,即中国南朝刘宋时期,雄略天皇基本上实现了国内的统一,不久以后迎来了奈良朝、平安朝的黄金时代。由于律令制度的引进,在政治上实行了天皇制,但不久天皇制实质上就变成了贵族当权的门阀政治。日本古代一直延续到十二世纪左右贵族政治的没落,这都是一般的常识。

如上所述,日本的古代是个天翻地覆的时代。从遥远的西亚美索不达米亚出发的卡车部队,到达了终点日本,在这里卸下了车上的货物。这正和南极探险队建立宿营地一样。设想在西亚卡车的货物中,既有冰上卡车那样最新式的装备,也有像雪橇那样的原始工具。既有中国制造,也有朝鲜制造的,还有印度或西亚制造的,不久还出现了日本的仿制品。这些东西,不分地域,也不分层次,既有后来者的居上,也有居上者的落伍,在日本这块土地上漫无秩序,混然杂陈。其中也有起源于西亚、印度,在中国因受到抵制而未能发展起来的文化,到了日本以后却开了花结了果,这就是表音文字假名。西亚和印度很早就创造了表音文字,尤其是在印度,在表音文字的基础上发展出了被称作"声明"的音韵学。音韵学曾与佛教一起进入中国,但在中国却没有太大的发展,在其影响下最多只出现了反切法。[1]可是传入日本之后,日本就产生了纯粹的表音文字,创造出了"六十音图",成了以后日语语法的基础。

因此,在研究日本古代史的基础上,力图从中找出一些发展规律,把这个规律再运用到其他地域的研究上去,这种企图我想无法实现的。如果把自以为在日本见到的古代史发展规律作为依据,拿去说明其他地区的历史,那就大错特错了。我们拿日本古代后期的律令政治作为一个例子来看一下就会明白。

中国从三国时期开始社会局势发生了重大的变化,与秦汉时期的统一趋势相反,分裂割据的倾向不断加强,这样社会就进入了中世纪。中世纪社会基本上持续到了唐代。这个时期,国家的运作基本上基于律令展开,因此又可以称为"律令时代"。而这种律令制度,其基本精神或者说终极目标是维持按照官品而确立起来的身份等级制度。官僚的地位分为九等,亦即九品,按照官品的大小对其权利和义务作出区分,这就是律令制度的基本精神。可是,九品官的上层,渐渐为特殊的贵族家庭所独占,其根源就是三国曹魏时期制定的九品官人法。这一制度确定以后,一个人在他一出生时,就依照他的门阀背景决定了他出仕时初任官的品级和最终可能晋升到的品级。隋朝废除了九品官人法,隋唐时期虽然也被称为律令时代,虽然依旧维持着贵族政治,但与三国南北

朝时期的贵族政治已稍有不同。换句话说,隋唐时期已经走到了
律令政治的转折点上。

　　日本的律令政治并不是中国律令政治的翻版,而是它的改
版,而且是做了很大程度修订以后的改版。明治时期日本引进
了西洋文化,与当初引进隋唐律令制度相比,模仿、翻版的程度
要大得多。这又是因为什么呢？由于文化交流存在着高度的问
题和强度的问题。在日本古代,日本社会和中国社会之间,在发
展阶段上有着非常大的差距。当时的日本还处在刚刚脱离新石
器时代的状态中,处于此后必须完成国家统一的时期。可是,中
国秦汉大统一的时代早已成为过去,三国以后发展起来的具有
分裂割据倾向的贵族时代也已经过了全盛期,正处在新的转折
点上。在这样的差异之下,日本如果原封不动地引进唐代律令,
根本就无法适应落后的日本社会,因此必须大加修改,甚至重新
组版。

　　当然,如果当时唐朝文化极度强势的话,那可能就不会顾及
上述两种社会之间的发展差异,而是直接侵入日本,把自己的文
化强加给日本。然而,当时唐朝文化的强势,并不像我们后来人
所想象的那么大,至少没有像明治时期侵袭日本的西洋文化那么
锐利。因此,日本有机会把自己与唐朝之间的距离作为缓冲地
带,有着充裕的时间和精力来对唐朝的律令进行修订,重新改版,
以适合当时的日本国情。

　　其中最好的例子就是上面讲到的官品问题。唐代官僚制度

的基本精神,在《唐令》首篇的《官品令》中说得非常清楚,当然这是对三国曹魏制定的九品官制的继承。朝廷的官员,从正一品到从九品,自上往下被分为十八级。带有官品的"品官",是符合官僚资格的正式官员,而在其下还有所谓的"勋品"。勋品原来称作"勋位",就是尚未入品的岗位,在这样的岗位上工作的下级官吏,还没有获得正式官员的资格,称作"未入流"。虽然他们协助正式官员办事,但其地位却与庶民差不多。

日本新制定的律令中,置于《令》首篇的,与唐朝一样是对官僚制度的规定,称《官位令》,体现出了当时官僚制度的精神。然而,日本制定的不是《官品令》,而是《官位令》。不过,试看一下这个《官位令》,其中也有官品的规定。但是,按照当时的《官位令》,日本只对亲王一级的人赐予官品,有一品亲王至四品亲王之分。品之所以只限于赐予亲王,完全是为了将天皇一家与臣下之间严格地区分开来。这样做法,在新罗的制度中也可以看到。总之,对于建立天皇制来说,这种措施恐怕是必要的。四品亲王之下是正一位,授予担任太政大臣的王或臣僚,其次是二位,称左右大臣。但是,如果对日本的律令和唐朝的律令进行比较的话,可以发现,日本的太政大臣,拿唐朝的事例来说,实际上是由"三公"中的一个人来兼任的。唐代的三公,名称上虽然继承了汉代三公的说法,但汉代三公是名副其实的政府中枢,而唐代的三公已经没有实权,只是徒有其名的荣誉称号,代替三公掌握实权的是中书、门下、尚书三省,尤其是尚书省长官尚书令和次官尚书左右仆射。三省之中,中书省承天子旨意,草拟诏敕,经门下省审议后,再由尚书省遵照施行。这样做的目的,很明显是为了防止权力过于集中,这就是三省分立的精神。三省之中,中书省、门下省的势力尤强。但是,日本的太政大臣是"则阙之官",[2]位于其次的左右大臣才相当于宰相,与天皇共议政事。但左右大臣同时又是行政的执行者,因此从中看不出有三省分立那样的精神。

简单来说,当时的中国,作为古代帝国汉朝的大一统早已成为过去,继之而起的,是具有离心性的贵族政治时代,而唐朝亦已处在这个贵族政治时代的晚期,唐代律令中的《官品令》,其实是站在回顾贵族制全盛时期的立场上制定的。而日本的律令则是把古代帝国的大一统作为努力的目标来制定的。唐朝的品官,在日本则只限于和天皇血缘最为亲近的亲王。而日本的百官,如果按唐令来说,只是未入流的流外官。可是不久,日本就从这些官僚中产生了贵族,势力不断强大,几乎有凌驾天皇之势。虽说同是律令制度,但以贵族制度为中心这一点来观察两者时,唐朝在走下坡路,日本在走上坡路。简单地说,用的虽然都是"律令"这个名称,隋唐的律令政治和日本的律令政治,不仅立法的精神不同,而且运用的手段也有所不同,两者所处的历史环境以及其后所产生的结果,一切都不相同。如果认定日本的律令时代是古代社会的产物,并将这个结论作为一般规律,认为中国施行律令的隋唐时期也是古代社会,那么,不得不说这是大错特错的认识。

中世纪的日本

日本古代的终点站文化,不久就遇到一个转机。终点站文化的特征就在于它和中央之间的落差很大。这层意思换句话说就是,即使在广义上的终点站,停车的地点与其周边之间同样存在着很大的落差。所以,终点站在充分接受了新的文化并将之普及到自己的周边之后,终点站所具有的意义也就逐渐失去了。

平城、平安两京,在长达五个世纪的岁月中,最终完成了文化终点的任务,这里成为日本文化的源泉,新的知识、新的技术从这里向各方传播,促使了地方资源的开发,也使地方上的权势阶层过上了新的文化生活。同时,地方收益中的相当一部分,以租税和徭役的形式,就像向发明者交专利费那样,上缴给了中央。这些专利费成了财源,朝廷的威力得以树立起来,而这种威力对地方又是一种压力,专利费的持续征收才有了可能。然而,地方上的不断开发,也为自己积累起了文化和资财,逐渐感受到了朝廷的租税和徭役是一种难以忍受的剥削,因此试图脱离朝廷,形成自己的小独立圈。于是,平安朝末期就发生了各种形式的地方叛乱和独立运动,而这种具有割据性的、分权性的倾向,正是世界历史上中世纪的共同特征。

这种地方对朝廷的反抗,对于以前的历史发展来说,意味着

163

出现了本质上极不相同的趋势。这对于以前的文化发展方向来说,也是一个逆流。以前的文化是以大陆为中心传入日本的,而这次逆流则是以固有的日本为地盘,因此具有显著的日本特性。这种新动向发展的最终结果就是镰仓幕府的建立。说白了就是从内地兴起来的土包子新兴地主,乘着古时终点站大地主的没落,结成同盟,在镰仓创办了一个新公司。

创建镰仓幕府的人,即所谓的武士阶层。而这个武士团体的核心人物,则是源氏家族。这个源氏,一般称为清和源氏,它是皇室的分支,正因为如此,它与传统朝廷政治大相径庭,这一点很容易被忽略。

说起来,源氏决非只有清和源氏,还有其他很多源氏。从嵯峨天皇弘仁五年(814)对皇子赐姓开始,仁明天皇以后由皇族降入臣籍的都赐姓源氏。因此,除了嵯峨天皇给自己的四位皇子和四位公主所赐的源氏外,还有村上源氏、宇都源氏、花山源氏、正亲町源氏等,数量极多。可是,以源为姓似乎是从中国的典故中抄袭来的。北魏时期也有源姓,它的祖先中有一人叫源贺,原来是一个小独立王国国王的儿子,国家灭亡时投奔了北魏,取得北魏太武帝的信任,据说因为和北魏王室同源,因而赐姓源。这些话可能会因理解的不同而得出不同的看法。如果人人都清楚地知道两者同源,那也就没有特地赐姓的必要了。赐姓之所以有必要,必定是当时的事实大家都已经不清楚了。

日本的源氏,有属于文臣的公卿源氏和非文臣的武士源氏。

公卿系统的源氏没有问题，但武士系统的源氏，其谱系则稍有可疑。建立镰仓幕府的源赖朝，他所属的源氏，普通都认为是清和源氏，但是这不无疑问。关于源赖朝的六世祖赖信，可见于收藏在八幡宫的文告抄本，大致可以看出是有来历的。据这个文告的抄本，赖信应该是阳成天皇的第三皇子元平亲王的儿子经基王的孙子。但如果这是事实的话，那么经基就不是普通所称的"六孙王"，而应当是"三孙王"。而赖朝自己却说他确实是清和天皇第六皇子的子孙，这种说法似乎也不能完全否定。这样一来，这两种说法之间就互相矛盾了，双方都自以为是，这意味着什么？这只能说明两种说法都令人怀疑。当时的情况是，只要是源氏，什么源氏都可以。所谓家谱大致上都是这样，家谱中的祖先是真是假，要看子孙的实力如何。不管怎么说，当时武士的门第和地位都是非常低微的。源氏本是藤原氏的家臣，步入政坛时的身份地位并不显赫。试想即使是在藤原氏全盛的时代，怎么能够想象得出刚从皇室分出来的源氏，竟觍颜降为藤原氏的家臣呢？源氏在保元、平治年间连续的内乱中，与敌手平氏交锋，最后打倒了平氏，同时一手掌握了朝廷的实权。

源氏在镰仓建立了幕府。幕府是和朝廷、公卿对立的存在，它一反传统的统治方式，将政治的中心设在日本的东部，进而控制天皇和朝廷所在的西部。这个方针被后来的北条氏原封不动地承袭了下来。北条氏甚至操纵了天皇的废立，这是源氏连想都没敢想过的事。这一股逆流进一步壮大，竟然把来自大陆的入侵势力也给击退了。在北条时宗时代,两次击退了蒙古、高丽的入侵,保卫了日本的独立。

日本之所以出现这样的新局面,固然是由于日本地方实力的逐渐壮大,但另一方面也说明了朝廷所吸收的中国文化的脆弱。也就是说,日本苦心仿效的唐代文化,实际上只是贵族的文化。唐代已处于贵族制的衰退期,但是,唐代的贵族制在中国完全没落之前,却把它的种子播植到了日本,使得日本的天皇制变成了贵族政治。不过,日本的这种贵族政治是很不稳定的。传到日本的唐代中国文化,只是培育了少数日本贵族,而没有能够改变广大庶民的生活方式。不久,庶民就拥戴新兴的武士作为指导者,创造了一种非中国式的新的生活方式。最好的例子就是日本人起居时的坐法。

当人类摆出半休息状态的姿势时,最自然的样子就是盘腿坐。可是不难想象,当一边坐着一边腾出手来工作时,像日本人那样跪坐就比盘腿坐更有持久力,于是才出现了跪坐。古时的中国人也和日本人一样跪坐,但西亚却创造出了椅子,发明了更加舒适且可保持姿势不变的坐法。在西亚,最初可能是帝王在日常生活中采用了这种坐法,于是才出现了像宝座那样象征帝王权力的豪华座椅。这种坐法,从上流社会逐渐普及到庶民,同时也传向了外部。在中国,直到汉代,不管身份高低,一律都是跪坐在地板上或垫子上,就像一些石像或漆器上所描绘的那样。到了六朝以后,才从西方引进了坐椅子的生活方式。尤其是佛教徒经过中亚传播到中国的时候,使用椅子的习俗也随之进入中国,因此当时的中国人把椅子叫作"胡床"。"胡"是对中亚以西各民族的总称;"床"本来是低矮的坐榻,中国人以前是脱鞋上床,屈膝跪坐。但自从引进胡床以后,就开始了不脱鞋坐椅子的生活模式。到了唐代,甚至朝廷仪式中也采用了胡床。

中国的坐椅生活不久即传到了日本,不但在朝廷仪式上,就连上流社会的日常生活也都用起了椅子。奈良的一些古寺殿院内大都铺砖,这些寺院中,也有一些是皇室或贵族施舍出来的邸宅。当时上流社会的邸宅和佛寺的构造,在建筑样式上是一样的,但建筑内部要是铺砖或是泥地,就无法直接坐在上面,必须要坐在中国式的床榻或胡床上。上流贵族在日常生活中可能和佛教僧侣一样坐胡床。日本贵族当时接受了唐式的服装,虽然衣物宽松,但下身穿的是裤褶,穿着这样的衣裤,坐椅子是最方便的。但是在日本,人们对坐在椅子上的这种高姿势渐渐感到了不便。

唐式的生活方式虽然风靡上流社会,但下层社会当然还是跪坐或盘腿坐,保持着低姿势的坐法。法隆寺五重塔内的庶民塑像都是屈膝跪坐的。我想不仅是庶民,就连上流社会的妇女也可能很保守,她们不习惯唐式的高姿势,而坚持传统的低姿势跪坐方式。宫中也是这样,女官后妃们反对呼声占了上风,殿上的超近仪式也逐渐放弃了唐式的高坐姿,回归到了低坐姿上。这种变化,应该说与日本的风土以及与它相应的建筑形式关系密切。

在气候干燥的中国华北地区,建筑内部的地面上采用泥地或铺砖是当然的选择。但在多雨的日本,泥地也好铺砖也好,在上面生活都不会觉得很愉快,必须抬高室内的生活面,铺上木板才行。可是室内的生活面高了,房顶就会相应变低。而且,日本的建筑为了防御风雨,屋檐建得要深。房顶又矮,屋檐又深,室内的光线自然就暗。如果在这样的房屋里采用高姿势的坐法,光线就会越发不足。因此,需要把低矮的几案放在近光处,直接跪坐在地面上。地面上铺的是木板,坐久了腿会疼痛,于是不久就发明了铺席。一开始这种席子可能只铺设于人们经常坐的地方,但不久整个室内就铺满了。

　　放弃大陆传来的唐式坐法,回归日本式的跪坐法,似乎在平安时代就已经比较明显,而且这种习俗还反过来影响到了外来文化势力中具有代表意义的佛教内部。京都郊外大原三千院供奉的主尊阿弥陀佛左右的菩萨,都极其罕见地屈膝跪坐在两侧。再就比叡山的根本中堂来说,现在的寺院建筑是德川时代新建的,如果其基础是平安时代的遗物,那就表明是一种罕见的结构。即僧侣修行的内堂地面上铺的是砖,僧人们在这个空间内势必要站立或坐椅。或坐或站的僧人们,对于在外堂参拜的信众来说似乎是一种干扰,于是就把内堂的地面造得很低,好似山谷一样。中堂和外堂是一般信众的席次,这里的高度大致和主佛的佛龛相同,这里现在铺着席子,古时可能铺的是板。这样一来,在外堂拜佛的人,一定是要采取低姿势坐法的。无论如何,佛寺内部的外堂,由泥地或铺砖改为铺席,这种现象非常值得注意。同时,这一事实,与平安时代末期到镰仓幕府初期日本新佛教的兴起也不无关系。

　　佛教在奈良时代兴盛起来,到了平安时代即风靡全国,但此时的佛教依然带有浓厚的外来宗教的色彩,因此还只是适合上流社会的贵族佛教。鼓吹阿弥陀佛信仰的是净土思想,在中国出现于六世纪左右。净土思想宣扬对民众的救济,这在佛教传播中是一种新的趋势。净土思想在平安时代对我国的佛教也产生了影响,刚开始时,净土信仰依然带有很强的阶级性,宇治的凤凰堂就是号称贵族之首的藤原赖通创建的(1053 年)。尽管内堂已不再是泥地而铺上了木板,但能够进入内堂参拜的只限于有特权的贵族,一般民众只被允许在堂前的广场上通过凤凰堂建筑上的园窗参拜阿弥陀佛的头部。但是,信仰阿弥陀佛的净土思想一旦发展起来,就使得以往的贵族佛教不得不渐渐转变为大众佛教,超俗的山岳佛教不得不逐渐转变为结合实践的市井佛教。最能体现这种倾向的就是亲鸾始创的净土真宗。

　　净土真宗的基本教理,无疑是亲鸾所著《教行信证》中所阐述的学说。但是因为这部著作是用汉文这种外来语撰写的,因此对一般大众来说过于难懂,几乎没人能够真正读懂。比这部著作容易读懂、容易接受的是《叹异钞》,当然比《叹异钞》更容易的则是莲如所著的《御文》。即使在今天,净土真宗的信徒在家举办佛事时,主念的还是《阿弥陀经》,但听起来一句也听不懂,但随后诵读的《御文》,一听就懂,可见《御文》的生命力一直在延续着。以纯粹的日文写出了卓越的佛教经典,这是中世纪新佛教的特征。这不仅限于净土真宗,时宗有《六条缘起》,净土宗则有《和语灯录》。日本新佛教之所以得以推广,扩大了信仰范围,说句实话,最显著的原因可以说一是铺上地板或席子的寺院构造,再一个就是用日语布教,尤其是出现了能以日语来表白信仰的《和赞》一类的典籍。大体说来,中世纪是宗教的时代,当时不靠宗教来传播文化是难以想象的。宗教一旦以民众为对象,能想出最简便的宣传手段来的宗派就最兴盛,这是必然的趋势。

但是,我绝非因此就认为中世纪日本的新佛教就那么浅薄,不仅如此,而且我宁愿把这种新现象视为日本历史上进入近世的宗教改革。传教形式的新颖,绝不是外部形式上的问题,而是其基本精神的问题。这些新宗派中,有的能够把从事捕鱼杀生的渔夫、猎人在不改变其职业的条件下吸收到弥陀的光明中来,有的公然宣称自己一个徒弟也没有,有的甚至敢称自己是旃陀罗(奴隶之子),等等,这都是旧式贵族佛教中无法想象的氛围。整个日本社会的确由此进入了一个新阶段,到处洋溢着新鲜空气。

可是这里还有一个重要问题。如果把这种新宗教运动视为日本历史上的宗教改革,那么,日本社会就应当以此为契机进入近世社会了,但实际上这种苗头却一点也没有,新宗教运动的兴起,在时间上反而和日本中世纪封建制度的建立步调一致。很明显,这里存在着一些错前错后令人费解的现象。

170　　　我们再回过头来看一看中国社会的发展与日本社会的发展

在速度上的关系。日本社会发展的出发点,可以说是从接受青铜文化开始的,但日本社会自身取得快速的发展,则比出发时晚了约一千年,想要挽回这种落后状态是很不容易的。比较中国社会和日本社会的前进方式,可以发现两者之间存在着很大的差异。这就像是在椭圆形的运动场上围着跑道进行长跑比赛,日本要比中国落后了将近一圈。先是,在日本古代社会将要完结的时期,日本采用了中国的律令制度,其实当时的中国早已超越了古代,并结束了中世纪的鼎盛时期,已经到了中世纪念族政治趋于没落的时期。这时日本比中国落后了一圈。之后,当日本进入镰仓幕府时代时,中国已经经历了北宋,正处于南宋时期。宋代在中国历史上可以视为近世社会,而这时的日本,在比赛的跑道上依然落后于中国一圈。

在社会发展阶段上虽然差了一圈,但两者的实际年代却是相同的,在这样的情况下,先进国家的文化就会不可避免地对后进国家起到强烈的刺激作用。尤其是佛教,原本就是以平等思想为基础的宗教,只要一有机会,马上就会恢复到它应有的姿态上去。恰好在这个时候,中国的唐朝正在为即将来临的近世社会铺平道路,正处于近世社会的胎动时期。毫无疑问,日本佛教界敏锐地感受到了这种变动。

如果日本社会这时已经具备了各种条件,按理说,像西方近代那样的个人解放,就应该在日本有更广泛的发展。可是,恰恰相反,日本社会里的封建束缚,以镰仓时代为转折点反而更加强化了,在这种趋势面前,连具有划时代意义的净土真宗以及其他解放运动,都出乎意外地暴露出了它的软弱无能。镰仓时代的新宗教的确是把传统贵族宗教所抛弃的农民或贱民也都作为教化对象吸收到了佛陀的慈悲之中,但是,佛教教团的封建化程度甚至超过了政治权力,僧侣也好,信众也好,都像世俗世界一样出现了等级制度。

尽管如此,宗教在某种程度上给后世留下了好影响,因此这还是件好事,而彻底以失败告终的革新运动,在政治上就是所谓的"建武中兴"。当时的中国正处于元朝中期,自宋王朝实现了近世的独裁政治,实现了完善的士大夫官僚机构以来已经过了三四百年。在儒家思想上给这种政治体制给予支持的是朱熹。朱子之学兴起于中国南方,在蒙古统治时期逐渐向北方传播,不久又传到了日本。宋朝的政治特征是排斥封建割据,尊重以君主为中心的大一统,不许武人、宦官和妇女参与政治,实现了由文人官僚来指导的政治。若要在日本历史中找出与这种政治最为接近的时代,那就是在武士家族出现以前的延喜、天历年间的贵族政治。那时以乡恋情节深重的后醍醐天皇为中心的朝臣,受到了宋学思想的鼓舞,企图团结起来打倒镰仓幕府的武人政治,这在根本上与新宗教运动是有共通之处的。但这项事业,甚至在当时知识阶层,在对天皇表示同情的人的眼里,都被视为是天皇在谋反。革命之困难,不言而喻。结果"建武中兴"半途而废,只能眼睁睁地看着室町幕府取代镰仓幕府,建立起了新的武人政权。日本近世

化的努力在政治方面终于彻底失败，并且为后世留下了史无前例
的混乱。

封建制度本来就是要造成政治的分裂和政权的割据，所以，
封建时代的一大特征就是政治极不稳定，只有在地方势力之间的
争斗取得平衡时，社会才能出现和平，但和平的时间是非常短暂
的，或大或小的地方争斗一刻不停地在持续着。即使在看似强大
稳固的镰仓幕府政权之下，也是内讧、叛乱不断。以"建武中兴"
的失败为契机，日本社会进入了南北朝抗争时代；接着又以"应仁
之乱"为契机，日本社会进入了战国时代这样一个无休止的分裂
抗争时期。

武家操纵的封建政治，把阶级思想灌输给了国民，并使社会
阶层趋于固化。低姿势的坐法也终于固定下来了，即使在举行仪
式时也要求跪坐。这种坐法，对以后的日本文化的日趋独特起到
了很大的作用。日本的家具大都是低矮的，因此其他日用器具也
是按照相应的高度制作的。就拿砚台来说，置于高桌上的中国砚
是高而沉甸甸的，与此相反，置于几案上使用的日本砚，则放在又
矮又扁的砚盒里。可是直接放在席子上的酒壶则比中国的高得
多。在跪坐的时候，目光的高度，决定了家具和其他道具离开地
面的高度，这给日用器具的形式带来了独特的要求。

日本式房屋室内铺席的做法，使得家具及日用道具需要频繁
移动。寝具必须每天早上收起晚上拿出来铺好，几案必须每天挪
动，以便室内的打扫。而且饭桌也是一种移动式的食案。在这样

的生活环境下,人们认为家具越轻便越好,于是漆器发达了起来,桐木制品和竹制品都受到了珍视。沉重的东西被认为粗笨不堪,只在禅寺等处偶尔使用。这种倾向在以后很长的历史时期内被接受传承,讲到日本文化的特色在中世纪有了显著发展的时候顺便指出一下,这也不见得是时代的倒错吧。

近 世 的 日 本

分裂时期的日本,一时间陷入了无底的泥潭,但是穷而后通,经过织田信长、丰臣秀吉、德川家康三人的政权传承,终于又实现了统一,政治踏上了轨道。

处于分裂的战国,最终又以近畿政权为中心实现了统一,这是有理由的。近畿地区无论在交通还是经济、文化上,始终处于日本的中心,地方上的诸侯如今川、武田、上杉等家族势力,在巩固了自己的领地后,总是想方设法向京都渗透,他们并不是满怀勤王之心,只是因为京都处于日本的中心,他们一心想利用它的经济实力和文化实力来号令天下。在这一点上,接近近畿地区的织田、丰臣、德川三人最得地利之势。

近畿地区虽然有着这样的地利,但织田、丰臣、德川这三个征服者并不出自近畿,而是出自近畿的周围,这是一个值得思考的问题。征服者本来都是独裁者,要想成为独裁者,那就必须具备最复杂的心理性格。像织田信长那样,通常被看成是一个直情径行的顽固之人,但他绝不是这样,从另一方面来看,他是一个非常精于算计的人,敏锐而机警。丰臣秀吉虽然度量不小,但同时却非常细心。至于德川家康,其性格极其复杂,一身具备两种极端而不露破绽。这样复杂的性格,往往是身处边界线上的结果。汉高祖、明太祖生于华南、华北的边界线上,斯大林生于欧、亚两洲的边界线上,希特勒生于德、奥两国的边界线上,这些都绝不是偶然的。而当时的尾张、三河两国,正是位于东日本和西日本边界线上的两个藩国。在经济上,一般说来东部使用黄金,西部使用白银,而尾张国正还处于东西两地的边界线上。此外,社会风气东西也各不相同,而尾张人则兼具了两者的性格。这样说也许听起来似乎是太看重个人的能力了,但是我要说的并不只限于他们三人,他们的整个集团都具有这种气质。换句话说,假如织田信长和丰臣秀吉早些死去的话,他们的集团中就很可能有人出来取而代之,如前田利家、明智先秀或柴田胜家等人,假如他们运气好的话,都具有取得天下的器量。等到战争接近终局,东西双方争夺天下的最后一战便在尾张附近的关原打了起来。

还有一件值得注意的事,那就是从欧洲传来的洋枪,对结束战国的分裂最终实现统一起到了很大的作用。织田信长的军队之所以在长篠打败了号称精锐无比的武田军,凭借的就是洋枪的威力,这场战争确立了织田信长的霸权。洋枪这东西确实是欧洲近世文化的尖兵。战国末期,葡萄牙人来到了东方,在日本传布基督教的同时也传播了自然科学的知识和技术,这些东西在日本的土地上大多没有扎下根来,唯有洋枪一样,给日本带来了很大的影响。所以到了能够利用洋枪的阶段,工商业发达的近畿地区马上就处于绝对优越的地位,这是自然的趋势。这种新式武器使战争更趋激烈,让胜负更加彻底,也使胜者的威势得以完全确立。

我认为自安土桃山时代以后,包括江户时代在内,是日本的近世。这首先是因为日本经历了中世纪的分裂割据时代,最终实现了全国的大一统,而在实现统一的过程中,洋枪,换句话说就是欧洲的近世文明,在其中起到了很大的作用。但是,可惜的是,日本虽然接触到了近世的欧洲,但并没有按照欧洲的样子踏上近世的轨道,而是在实现统一以后马上就走上了回头路。这就是说,以往各地诸侯以武力割据的领土,现在在德川幕府的重新认可下,继续维持现状,于是出现了秩序井然的封建制度。

德川幕府在取得政权之后,为了把德川家族的优势地位原封不动地传给后人,曾煞费苦心,绞尽了脑汁。在攻下大阪城,消灭了丰臣集团以后,并没有想到把自己的大本营移到近畿来,而始终以江户城为根据地。这仍然是出于经济的考虑。在文化发达的近畿京都一带,生活水平较高,如果把幕府设在京都或大阪,幕府对其家臣就必须付出更多的俸禄。对于直属幕府的武士家臣来说,住在江户并不会感到什么不适,但感到不方便的是各地方的诸侯,他们必须把从领地征收上来的米谷运到大阪,在这里先兑成白银,然后再兑成黄金,最后运到江户去使用。因此,能够实现这种兑换的大阪,依旧保持着日本经济中心的地位。

日本近世的统一,多半是因洋枪的作用,但一旦实现了统一,幕府对洋枪就实行了极其严厉的取缔。洋枪和天主教,亦即欧洲的近世文明,在日本受到了执政者的严厉排斥。因此,真正的近世文明和自然科学在日本根本无法发展起来。用这种牺牲换来的,就是将近三百年且在世界历史上罕见的持久的和平。

江户时代三百年的太平,不仅是世界历史上罕见的事例,而且它是在封建制度下维持的和平,这就更加罕见了。为什么这么说?因为,封建就意味着地方势力拥有实权,常见的分裂和割据,使得封建时代更容易出现无政府状态,这种状态,只要回顾一下世界各国的封建制时代就可一目了然,如中国的春秋时期和欧洲的中世纪。而日本的江户时代却在完整的封建秩序下维持着长达三百年的和平,几乎没有发生内战,这的确是值得惊奇的事。不过,这正好说明了一个这样的事实,这就是德川幕府的封建制度,形式上虽然是封建制,但实质上与封建制大不相同。也就是说,各地的诸侯,在幕府的重压下,被武家的各种规则完全剥夺了自由,可以说他们只是一个大地主罢了,至于诸侯手下的武士阶层,和靠拿薪水过日子的人也没有什么两样。因此,江户时代,只有地位的世袭才是封建的。这种束缚,对上对下都是同样严格的。总之,所谓封建,本来应该是无序的,但江户时代的封建制却一丝不乱,这或许可以说是一种变态的封建制。在这种变态的封建制下维持的和平,其实也不是真正的和平,应该说是一种变态的和平。正像童话中所讲的睡眠之国一样,它是同外界隔绝的、固守局地的、勉强维持下来的处于睡眠状态的和平。因此,后来在外来势力的压制下不得不结束锁国政策时,举国上下立刻陷入了惊慌,不知所措。

被封锁起来的日本国内,活泼的自然科学和战争技术,当然不可能取得发展,但文化却有了相应的发展,不过,发展起来的文化是最不实用的、并且对当政者既无好处也无害处的人文科学。宋朝以来在中国发展起来的朱子学、阳明学等新儒学自不待言,就连清朝发展起来的考据学,都被日本消化殆尽,甚至在某些点上取得了比中国更大的进步。日语文学的复兴也有了显著的进步,其研究方法也是近世式的,走在了当时欧洲研究方法的同一轨道上。日本就是以这种片面的前进方式,在持久的天下太平之中达到了和中国近世相同的水平,也就是在长跑比赛中落后的那一圈终于赶了上去。无论如何总得感谢这样的和平。日本接下来的目标,就是要赶上欧洲的近世。

十六世纪中叶以后,欧洲的近世文明在葡萄牙人的带领下,涌到了日本的近海,而日本也马上伸出了欢迎的手。当时统治中国的是明王朝,当时的明朝实行着和后来日本同样的锁国政策,严厉限制外来的贸易活动,西洋人很难潜入中国内地。但当时的日本正处于室町时代末期的混乱时期,地方上的诸侯和民众可以不受中央的控制,凭自己的判断来接受西洋文明。基督教也力排佛教僧侣的反对进入了日本,并获得许可建立了留居地。但是,当利玛窦等人所属的耶稣会士煞费苦心地进入了明朝的宫廷,借此在中国立足以后,西洋的文艺复兴文化便在中国很快地活跃起来,从明末到清初,传教范围和图书翻译等工作都取得了很大的进展,而日本的西洋科学则远远落在后面了。而且,日本从丰臣秀吉以来,国内逐渐实现了统一,以前对基督教的那种宽容也渐渐消失,反而采取了压迫和驱逐的政策,到了德川幕府第三代将军在位时,终于颁布了"宽永锁国令"。

日本虽然进入了锁国时代,但仍然允许荷兰人在长崎的出岛进行贸易,因此,所谓"锁国令",将之视为一种严厉的对外贸易管制令似乎更加恰当。不过,西洋的学术文化则全面遭到禁止,因而有关西洋的知识,只能通过汉译图书介绍进来。当然,介绍西洋情况的汉文书籍本来也被列入禁书之列不准进口,但事实上像《职方外记》①那样的禁书,在日本也曾被辗转传抄和阅读。

但是,中国从清朝雍正时期开始,也实行了与日本几无二致的闭关锁国政策。然而,与雍正皇帝几乎同时代的德川幕府第八代将军德川吉宗却反而缓和了日本的锁国令,为人们研究西洋书籍留出了空间。其后,研究西洋学问的"兰学"在日本的有志者之间慢慢流行起来,对西洋文化的研究和理解,在某种程度上可以说仍在继续进展。但在中国,由于独裁君主的政治权力对社会的控制过于强大,像日本这样的"兰学"始终没有兴盛起来。中国的

---

① 明末耶稣会传教士艾儒略(Aleni)用汉文写的世界地理书。

读书人充其量只是在反复研究明末清初的译著,尽量应用其中的历法和医学而已。从这一点上来看,日本的"兰学"所做出的贡献是非常值得肯定的。

如果把这一时期理解为西洋近世文明向东方传播的时代,站在这一点上来分析日本在世界历史上所起到的作用,可以这么说,进入近世的日本,又回到了终点站文化的状态。举例来说,在世界地图学的发展过程中,自文艺复兴以来,其中心是意大利的威尼斯,接着是荷兰的阿姆斯特丹,到了十八世纪,崭露头角的是法国巴黎。世界地图因西洋人探险活动的逐步深入,各地海岸线的绘制逐渐趋于精准。世界地图绘制过程中,最后才得以精准的是大洋洲以及北海道和库页岛的一角。日本领土的边缘在当时世界上是最不被了解的地方,这一现象说明了什么呢?不用说,在当时西洋人眼中,日本是世界的边缘。再换句话说就是,在巨大的世界文化潮流中,日本再一次成了世界的终点站。近世的日本,事实上还没有完全实现近世化,还残留着许多中世纪的性质,这时,中国的近世文化和西洋的近世文化,两者重叠在一起进入了日本。可以这么说,在这两种外来近世文化的影响下,日本的近世才真正成为近世。

那么,比较近世日本的终点站文化和古代日本的终点站文化,两者又有什么不同呢?古代日本的终点站文化给后世留下了辉煌的杰作,法隆寺、新药师寺、东大寺的建筑和佛像自不待言,还有正仓院所藏皇家御用物以及宫中传承的雅乐等,无一不传承着大陆文化的光辉和灿烂。不过,说它是古代的,这只是站在日本历史的角度上来说的,站在大陆的角度上来说,这些已经是中世纪的文化了。这些东西虽然在大陆已经消失了形迹,但在日本却几乎原汁原味地保存了下来,有时竟然会觉得这些东西呼出的还是原来的气息,这的确令人惊奇。

但在近世的日本,作为其雏形的中国近世文化也好,西洋近世文化也好,都没有留下足以自豪的杰作。这不仅是因为这些东西大多已经消失的缘故,就像京都尚存的南蛮寺,甚至都无法与欧洲的乡村教堂相比。之所以出现这样的现象,关键还是与接受文化的当事人的身份地位有关。在古代日本,接受大陆文化的人是以当权者、贵族为中心的集团,因而他们以权力财力为背景,把大陆的上层文化整个儿都移植了过来。而且当时的中国处于贵族时代,因而文化也是分散的,容积过大的文化并不时兴。长安贵族的生活,扬州贵族的生活,杭州贵族的生活,在程度上并没有多大的差异,同时,日本贵族的生活和中国贵族的生活,其实也没有太大的差距。因此,如果把法隆寺照原样挪到唐代的长安,我想虽然不能算是最高级的,但也不会是很差的。光明皇后使用的铜镜和杨贵妃使用的铜镜,也应该相差无几。

但是,近世日本的当权者并没有努力引进外国文化,而是百般阻挠外国文化的传入,因此也就不会有什么杰作了。日本各地的诸侯们也仅以看似闹鬼的天守阁为背景,在其下扩建传统的建筑,能够住在这样的邸宅中也就心满意足了。他们并没有想到要

181

模仿明清北京的宫殿,也没有想到要模仿凡尔赛宫,他们是一群毫无情趣的野人。只有靠幕府和各地诸侯的力量建立起来的黄檗山万福寺,可是说是把中国近世文化移植过来的唯一的例子,但它也不是什么了不起的杰作。

比起日本来,中国倒是留下了一些带有西洋近世趣味的纪念物,这是因为明末清初的帝王曾积极地接受了西洋的近世文化。据说清乾隆帝模仿凡尔赛宫在北京西郊修建了圆明园,不幸被英法联军占领北京时烧毁了,假如今天圆明园还存在的话,它的结构比起凡尔赛宫来,我想绝对不会逊色太多,可以算是北京名胜中的第一杰作。此外,现存的东西中,还有陈设着西洋传教士制造的天文仪器的观象台。可以与此相比的东西,日本什么也没有。

这样说来,日本近世的终点站文化,比起日本古代的终点站文化来,也许大为逊色。但是这种情况,应该从另一个角度来加以考察。日本古代接受了大陆文化,在制度上作了大幅度的修改,这在上面已谈到。但对于像建筑以及工艺美术这些有形的文化,并没有加以任何改变就直接引了进来。这些东西都是属于上层建筑的消费文化,不论在什么社会制度下都会普遍被接受。

但是在近世的日本,由于自身也已经有了很多的文化积累,文化发展的水平已经达到了即使当权者不愿照样接受外国事物也能够过得去的高度。尽管如此,桃山时代的美术总给人一种似乎接受了外国的影响或刺激的那种新鲜色彩。至于日光的建筑,那只是过去文化的翻版,突出的只是毫无意义的重复和毫无意义的夸张罢了。

作为日本近世的特征之一,努力引进外国文化的并不是当权者,而是中等阶层的武士、商人;引进中国最新学问阳明学和清代考据学的,也是没有权力背景的私人学者;"兰学"的基础,是靠乡村医生之手奠定的。当权者对这些东西大都采取了保守的态度。幕府统治下的各地诸侯虽然也在奖励儒学,设立学校,但他们的目标至多也不过是朱子学,打算把思想统一到这一学术上来。对于社会的进步发挥了指导作用的人物,反倒是下级武士。这种情况一直持续了下来,直到把日本领上了明治维新的道路。

必须承认,日本近世初期的文化程度,与当时中国、欧洲的文化程度相比,非常逊色,但是它们之间的差距并不是太大。只是后来欧洲文化日新月异,实现了飞跃的发展,文艺复兴阶段很快跃进到了产业革命阶段。而日本自从宽永年间实行"锁国令"以来,只留下长崎出岛这样一条狭窄的渠道引进欧洲的文艺复兴文化。此后,来自欧洲的文化水压越来越高,这条狭窄的渠道终于承受不了这般压力而被淹没了。

在欧洲,源自意大利的文艺复兴文化首先传遍了欧洲。嗣后,从十八世纪中叶开始,以英国为中心兴起了产业革命,这是在以往的世界历史上完全没有过的人类文化发展的新阶段。产业革命是怎样发生的,这是值得深入研究的问题,但有一点可以断言,产业革命的兴起,既不是英国一国的历史就能够说明的问题,也不是仅就欧洲一地就能够找出其原因的,而应该从整个世界历史上来加以考察。产业革命是可以和出现在西亚的人类最早的文明比肩的历史事件。也就是说,西亚的金属文化是经过了以往数千年石器文化的不断积累所产生的结果,以最适宜成长的西亚为根据地,在那里开了花。与此相同,产业革命也是经历了过去五千年有史以来全人类的文化发展,在英国找到了最适宜的条件和土壤,在那里结了果。

无疑,人类的生产力确因产业革命得到了飞跃的发展,从而人类的幸福也因此迅速提高。然而,产业革命所创造出来的文化是锐利的武器,有利于自己,同时也有害于自己,并且更严重的是还有伤害他人的危险。所以当产业革命开始以后,在欧洲,最初是英国受到了恩惠,却打击了欧洲其他国家。接着,在世界范围内,欧洲因实现了产业革命化而繁荣一时,但亚非各国则都变成了隶属于它的殖民地。

近 代 的 日 本

我在这里所说的近代①的日本,是指明治维新以后的日本。明治维新,不论从哪个方面来说,都是一桩划时代的大事件。它

① 原著在这里使用了"最近世"一词,实际上指的是近代。为方便理解,译文统一改用"近代"。

不仅对日本来说是桩大事件,而且对亚洲各国来说也具有重要的意义。因为,明治维新是日本民族的觉醒,其实也可以说是亚洲各民族觉醒的先驱。欧洲实现产业革命以后,势力不断向外伸张,亚洲逐渐沦为其殖民地;与之相拮抗的,是位于亚洲东端日本的觉醒,这种觉醒不久就扩展到了整个亚洲。从这一结果上来看,明治维新也是世界历史上的重大事件。

那么,明治维新究竟是怎样掀起来的呢?我们在小学、中学课本中曾经读到,明治维新的原动力是"勤王攘夷"运动。这样的内容,让当时接受教育的儿童很难接受。也就是说,尽管"勤王"运动和"攘夷"运动只是称呼上有所不同,但它们本来就是一对孪生兄弟,德川幕府一旦被打倒,攘夷运动也就随之结束,进而迎来的是开国进取的政策。既然这样,那就不必再勤王了,但不是,君还是要忠的,国还是要爱的。那么,攘夷运动搞错了?也不是,攘夷运动者还是爱国者。这实在让人很难理解。一开始我也认为这可能是政府的方针改变了,从原先的攘夷转向了爱国,只是用这种简单的字眼表现出来罢了。后来我才逐渐明白,这其实是明治维新的元勋们单单为了他们自己的方便和利益,有意篡改了历史的真相才造成这样的结果。

苦心经营写成的历史,不仅有些不合逻辑,而且当时所谓的勤王志士们的行动,也有些显得不合情理。推翻幕府,在当时确实是一场革命运动。要闹革命,最要紧的是把人心弄得惶惶不安。从萨摩藩逃出来的那些所谓的志士们,为了扰乱人心,竟闯入江户的商人家中干起了抢劫的勾当。庄内藩毫不留情地逮捕了这个暴力集团,并纵火烧毁了萨摩藩在江户的藩邸。江户开城以后,萨摩和长州两藩联军洲军高举旗帜讨伐东北,但连西乡隆盛这样的人物都不得不对庄内藩退避三舍,不愿发起真正的战斗。这个故事众人皆知。也就是说,不管利用什么手段,只要把群众煽动起来就行。"攘夷论"就是为了实现这个目的被利用的。

有趣的是,虽然高唱着攘夷论,其实最了解外国实力的,除了幕府就是萨摩和长州两藩。幕府虽然颁布了锁国令,禁止本国民众与海外贸易,但幕府自己却在长崎同荷兰人公开进行贸易。于是萨摩藩和长州藩也仿效其做法展开走私贸易。从整个日本来看,偏于西南边疆的萨摩、长州二藩,所以能够成为推翻幕府的核心势力,应该说是因其地处偏远,能够逃避幕府的耳目,享受到了对外贸易好处的缘故。这种事态之所以会发生,也是因为终点站之所以为终点站的缘故。在终点站文化的社会里,接受外来文化的人,通常会获得极大的利益。

其后,随着中央集权的明治政府的成立,勤王攘夷史观马上转变为皇威发扬史观、日本民族发展史观。但是,只是讲些豪言壮语,并不足以说明历史,于是这里出现了社会经济史的研究。这种倾向在"二战"以前就已经存在,"二战"以后变得更加显著起来。尤其是历史唯物主义史观逐渐普及以后,明治维新被视为一种社会革命,为了证明江户时代生产力的发展必然会引发明治维新这场变革,研究者们作出了各种努力。

然而,唯物主义史观专门从资本主义发展这一点上来考察产业革命,是很有问题的。明治维新以后,日本逐渐走向了资本主义,这一点不可否认。现在有很多人这样认为,当日本朝着资本主义方向迈进的时候,中国却一直固守着旧体制,在走向资本主义的道路上比日本落后了很多;中国始终没有发生明治维新这样的社会革命,这是因为中国的社会发展落后于日本。但事实果然如此吗?只要稍微思考一下就会明白,例如中国的制瓷业,远在宋代就取得了相当的发展,分工合作,进入了具有近世特色的大规模生产阶段。但是,日本的制瓷业直到明治维新之前还维持着家庭作坊的生产方式,从拉坯到烧成,全由一个人担当。刀剑等物品的生产也是保守秘传,夸扬名人手艺。这些做法完全是中世纪式的。在其他几乎所有的方面,日本都落后于中国,因此绝对难以想象,在亚洲各国中只有日本在经济上取得了大踏步的发展,以至于比中国还迫切需要进行社会革命。

那么,明治维新发生的必然性究竟应该从哪些方面来进行说明呢?我认为,从勤王史观到唯物主义史观,看法上虽然有所不同,但两者所处的立场其实是相同的,这就是用日本来说明日本。但是我一直坚守的态度是,眼光只集中在日本,只从日本内部的发展变化来说明日本的历史,这根本就是不妥当的。尤其是在幕府末期那样的世界剧烈动荡的时代,强大的欧洲产业革命文化浪潮般汹涌而来,只想用日本来说明日本,就好像是在行驶的火车上安装地震仪来检测地震一样。所谓内外之分,本来就是相对的,绝不是绝对的。拿京都来说,京都市内的西阵是内,大阪是外。拿日本来说,京都和大阪都是内,中国是外。拿东亚来说,日本和中国都是内,欧洲是外。拿地球来说,亚洲和欧洲都是内,火星是外。不顾这种相对性,只是人为地分出一个绝对的内外,只顾拿内部的力量来说明社会的发展,这是近来令人困惑的一种流行做法。当然,我并不是要否认所谓的内部力量,我只是希望把所谓的内力和所谓的外力作一个公平的比较,按照其强度来肯定它的价值。在历史上,再也没有比力量这个东西更能做出客观的衡量来了。我的客观史学,从某种意义上说也可以叫作历史的力学。

幕府末期,十九世纪中叶以后,欧洲各国基本上实现了产业革命,国力飞跃地发展起来,形成了一股强大的压力,朝着亚洲各地扩展。当时欧洲和亚洲之间的差距之大,足以使我们无须重视亚洲各国之间微小的差距。即使中国稍微走在了日本的前面,那也几乎是微不足道的。换句话说,在欧洲强大的外力面前,亚洲的内力几乎接近了无力。这种情况,凡是研究过鸦片战争以后中国历史的人实际上都不会不承认,在这里无需再展开说明。鸦片战争自不待言,就连"亚罗号"事件以及从太平天国到辛亥革命这段中国历史,几乎全是在外力的影响下发生的。这种时候难道只有日本能够单凭内力采取行动吗?如果真的这样设想的话,那么,以前的历史一定全都写错了。

明治维新以来的日本历史,之所以能够一帆风顺地取得了令人瞩目的成绩,最大的原因是它符合了欧洲各国的利益。欧洲各国希望在亚洲最方便的地点得到一个能够安心利用的基地。欧洲列强通过殖民政策,能够获得利益的最大目标当然是中国。为了制服中国,在日本建立根据地,利用日本人,是再好不过的捷径。日本很巧妙地抓住了这个机会,开始了它独特的追随外交。明治时期的官僚对人民非常傲慢蛮横,但一般民众做梦都不会想到,如此傲慢的官员,到了外国人的面前,就只能卑躬屈膝,叩头作揖。正是因为这样,历史才完全写错了。

明治维新后,政府之所以采取顺应外界大势的政策,也可以说是感到了自己无力的结果。而国力比日本更加强大的中国,却往往过于相信自己的力量,经常做出螳臂当车的愚蠢勾当,再三掀起排外运动和对外战争,但每次的结果都使外力更加沉重、更加残酷地压向自己。在那个时候,为欧美列强充当爪牙的就是日本,而且还不只是一两次。其中还有日本不自觉地为别人完成的重大任务。因"亚罗号"事件引起的战争,英法联军进攻北京时运输辎重的马匹,是得到幕府的许可从日本民间购得的。据说,如果没有这一千多匹的马,英法联军进攻北京的计划恐怕就难以实现。这是明治维新发生前八年(1860年)的事情,当时英法两国的态度,可以说决定了日本的明治维新及其以后的发展方向。

作为明治维新的特点之一,它虽然是在强大的外力操纵下完成的革命,但对国家内部实行的却是独裁专制,因此当时流行着"官尊民卑"这样的话。这种独裁政治,在发奋努力追赶先进国的当时，也许是一种迫不得已的选择，但是，独裁政治一旦开始，以后就欲罢不能了，于是便越发狂妄，终于陷入了这一场持久的战争，这是一件非常不幸的事。总之，在明治政府的强力指导下，全国上下舆论一致，排除了一些摩擦，终于走上了开国进取的资本主义道路。但是，当时的资本积累，确实是在牺牲了地方农民的利益上取得的。城市里很快建立了大工厂，资本家因此获得了巨大的利益，而乡间的农民却依旧处在维新前后的状态，被贫困压得喘不过气来。就像我的家乡信州那种偏僻的乡村，直到大正年间第一次世界大战爆发时，才稍微沾到资本主义的一点恩惠，农民的生活水平才多少有了一点提高。在那以前的漫长岁月里，乡村的农民几乎都是一直无偿地在为城市资本主义服务。

明治维新的另外一个特点是，在欧洲政治文化的吸收上，几乎是就此照搬。固然，在关于天皇的地位、中央政府的机构等，即在所谓的"国体"上，倒是煞费了一些苦心，但在对人民大众有着重大利害关系的商法和民法等方面，则多数是从外国照搬过来的。当时的欧洲文化不仅水平高，而且强有力，以至逼得人不得不照搬。几乎完全忽视了日本旧有习惯的新法令，在地方上为维护地主阶层的权利起到了很大的作用，并且使得执行法令的官僚更加威势，更加猖狂。生拉硬套的弊病在军事方面也有显著的表现。陆军照搬德国，海军照搬英国，因此陆军采用"米"制，海军采用"码"制，度量衡上都有分歧。结果，陆海军之间连一颗螺丝、一粒子弹都无法共同使用，给日本重工业的发展造成了重大的损失。

　　归根结底,还是欧洲各国为了鱼肉中国需要利用日本,保护日本。日本在配合他们的步骤下,推进了日本资本主义的发展。文化发展了,学术振兴了。不过,当时所谓的学术水平,也只不过能读懂英文就能在大学任教授的程度。但是,如此照搬文化,把蟹行文字改成竖写文字,也要付出很大的努力,这一点还是值得高度评价的。不管怎么说,当时在亚洲能弄这套玩意儿的,除了日本人以外还真没有别人。所以这种对文化的照搬又促成一种新的潮流,向西传到了它的邻居朝鲜和中国。因此,从世界发展的动态上来看,近代的日本文化,也可以将之称为把欧洲的东西搬到亚洲来的中转站文化或支店文化。尤其是日本和中国之间,尽管语言的语法不同,但因为都使用汉字的缘故,欧洲的术语被日本人翻译过来以后就原封不动地传到了中国。而当时中国人自己把欧洲语言译成汉语时,反而因为过分拘泥雅俗而举步不前。例如达尔文主义一词,中国译为"天演论",但没有得到普遍的认可,结果就照搬了日本人翻译的"进化论"。当时中国人批评这样的日本式译语是不雅不俗,自成一体。这种超越了汉语语感的新术语,对于引进新思想具有最适宜的新鲜味道,这也是这些术语受到欢迎的理由。

　　日本国力的发展,是先以朝鲜其次以中国的牺牲取得的,这是不能否认的事实。日本在各种意义上扮演了欧洲和亚洲之间的中转站的角色,在长期扮演这种角色之间,自然本身也就逐渐形成了独自的立场和独自的性格。

日本自古以来保持了政治上的独立,但是世界上的看法并不一定是这样。中国历史上的南朝以至隋唐,是把日本列为朝贡国的。宋元时期虽然算是外国,但这种外国的含义是对内而言的,在语感上有低一等的味道。到了明代,日本又成了中国人心目中的朝贡国。清代,两国都采取了锁国政策,避免国交,但在西洋各国眼中,依然视日本为中国的卫星国之一。直到日清甲午战争中日本获得胜利之后,才使人们感觉到日本真正脱离中国而独立了。

接着发生了日俄战争。这次战争是一个性质不同的亚洲国家日本,乘欧洲资本主义国家内部发生纠纷之机,击败了俄国,日本因此抬起了头来。日本取得对俄的胜利,虽然有赖于英美两国的很多支援,但它对亚洲被压迫民族的影响确实是很大的。这种影响,并不是通过列举史料就能证明的,而是超越了个别具体的事件对全局趋势发生的影响。日俄战争可以说是改变了亚洲各民族头脑的大事业,在这一点上,可以说日本做出了一番超越中转站角色的事业。

然而,日俄战争以后的日本,并没有符合这些亚洲国家的愿望,同他们步调一致,协助他们走向亚洲的独立,反而走向了相反的方向。这是因为日本的资本主义基础已经非常稳固,社会也日趋繁荣的缘故。作为当时的日本,除了扶植正在一步步成长起来的资本主义外,并没有其他的国民福利。既然采取了资本主义体制,那么就不得不与先进的欧美资本主义国家协调,把邻近的亚洲各国当作牺牲品。但是,这种协调,等到日本的实力培养起来以后,就并不一定非要从属欧美而维持下去了。资本主义本来是建立在自由竞争的精神之上的,但日俄战争以后,日本在资本主义的发展道路上,同欧美各国,尤其是同英美两国之间的竞争和对立,便突出地显露出来了。试举一例,日本海军的军舰向来都是在英国订制的,日本是英国造船业的一个重要的主顾。但是在大正二年,即第一次世界大战爆发的那年,日本最后一次从英国订购了一艘二万九千吨级战舰"金刚号"以后,便在国内自己陆续建造了将近三万吨的巨型战舰,同时还提高了商船的建造能力,于是英国便把日本作为一个可怕的竞争对手而警惕了起来。

第一次世界大战更加促进了这一趋势的发展。大战后的日本已经不是亚洲的日本,而成了世界列强中的日本。甚至在大战后欧洲内部的国境线问题上,也要听一听日本的意见。无论从哪方面来说,这的确是有史以来未曾有过的事情。军部宣传说,这是武力所赐。这种论调,最初也许是为了争取国家预算所作的必要宣传,但大多数国民竟把这种宣传信以为真了。日俄战争那时何尝没有这样的宣传,但在背后援助日本的英国等国,如果听到日本这一番自我吹嘘的话,也许会笑得喷出饭来。在第二次世界大战时期的南方作战中,法属印度支那军队与泰国军队作战,泰国军队胜利了,于是泰国就有人说什么泰国军队是仅次于日军的世界第二强。战争的胜负,一过了石器时代,基本上就是凭武器

193

的优劣来决定了。为了表现在外国武器装备下的日本军队有多强，就有必要给它蒙上神秘的外纱，于是高唱日本精神，高唱武士道精神，最后竟使军人干部都对这样的言论深信不疑，这就了不得了。

日本的资本主义发展是以军事力量为爪牙的，而军事力量又是以资本主义为背景获得的。可是不久以后，等到日本试图从事中转站角色以上的事业，谋求开设一个支店的时候，欧美资本主义的代表英美两国便携起手来，开始压制日本。但是如果直接压制日本的军事力量，那就会发生军事冲突的危险，于是就向日本的后院发起进攻，打击日本的资本主义。在背后支持中国抵制日货，美国禁止日本移民，尤其是在"渥太华协定"中，规定在英属殖民地通过关税的壁垒来抵制日货，最后直到第二次世界大战前夕的 ABCD 包围网，采取了几乎接近军事压制的排日政策。但到了最后，还是不得不依靠武力和战争来解除日本的武装。事后来看，这原本是资本主义国家之间的内讧，却为共产主义的勃兴创造了绝好的机会，但当时的英美资产阶级竟然没有想到这一点。

文化工作者虽然也同样也扮演着中转站的角色，但是比起军人来，劲头就差得很远了。学者的本性是正直的，一切都掌握在对方手里，抓不到本钱就逞不了威风。在日本，所谓新的东西，都不是自己创造出来的，而是对方已经有的。要想真正创造出什么东西来，就必然造成许多浪费。譬如说，在我们这个历史学领域里，要想从原始资料开始撰写一篇论文来，即使抽出一百张资料卡片来,而能够用到论文里的也许只有一张,说不定一张也没有,因此必须意识到可能有百分之九十九是浪费的。然而如果搞翻译的话,只有写坏了的稿纸算是浪费。贫穷的日本没有豁出浪费的余地。因为没有办法,只好把总店的原始材料照样搬到中转站来借用。中转站固然有它少动心思的好处,但是另一方面,面对总店必然要会产生很深的自卑感。为了平衡这种自卑感,于是便对亚洲各地的听众显示出了愚蠢透顶的优越感。同在亚洲,却轻视亚洲人,而且就连研究亚洲的人也一并有些轻视。于是竟出现了"中国从前的确伟大,现在难道不是个野蛮国家吗"、"西亚到底是否有文化呀"这一类论调。

纵令自卑感是由于没有办法才产生的,但毕竟是极不愉快的。这种日积月累的不满,终于在第二次世界大战中爆发了出来。哎呀,这下可了不得了!日本人居然全都成了神的选民。参谋本部的将校竟然摆出一副一本正经的面孔闯进研究室来,一面大谈世界史是皇威发扬的历史,世界上一切有价值的文化都是发源于日本而逐步传播到四方;另一方面,可能是因为说了唯有日本才能垄断世界文化这样的话感到有些心虚,于是便勒令从人种的不凡上为日本、德国、意大利之所以不同于俄国、英国这一事实找出证据。诸如此类的言论,一时间竟在日本具有代表性的报纸杂志上恬不知耻地占了主导地位。

战争期间日本的狂妄自大,一旦战败马上就完蛋了!于是又出现了无止境的卑躬屈膝的自卑感,于是又出现了日本民族是未开化的、野蛮的、不干净的、不道德的，是罪人，日本的历史完全是捏造的，明治维新也是骗人的假玩意儿，日清甲午战争、日俄战争，都是日本资产阶级搞的侵略勾当等论调。

认识自己本来就是最难的。即便是圣人，也没有如此的自信。但是，日本人在对自己的评价中，在极短的时间里，竟然忽上忽下，如此剧烈，这绝不是健康的状态。这是不知世故的乡下人最容易陷入的心理状态。这种现象之所以发生，是因为不能在同外界的关系上给自己定位。人生观和历史观原本是相通的，日本人之所以无法对日本作出相对稳定的评价，是因为日本人没有把日本的历史完全客观地放在世界历史中来加以观察。这样说来，这些责任最终也许应该由我们这些历史研究者来承担。

结　束　语

对于以上看法，读者当中也许有人会提出质疑来：这样一来，日本不就消失在世界史中了吗？不是什么都不剩了吗？我确实不相信这世界上存在着所谓的"日本文化"。这里所说的"日本文化"是指与外界隔绝的、与外界没有关系的、可以独自评价的日本文化或日本精神一类的东西。尽管这么说，日本这个国家以往确实存在过，现今依然尊严地存在着，这是毫无疑义的事实。不过，它的文化绝不是密封在罐头里或者冷冻起来的文化。假如是这样的东西,一开盖子接触空气,就马上会腐烂掉。

我脑海里的日本文化是有生命的东西,同时是还是流体。说它是流体,是因为它满不在乎地和外界掺和起来,流来淌去。所谓文化,应该是不稳定的,不断流动的,而且还是不断发展的活的东西。不但文化,民族本身也是这样的流体。

研究历史,势必离不开家谱。在某种情况下甚至可以说,追溯家谱似乎就是历史学的全部。但是,我们通常所研究的家谱,始终必须是社会这个家族的家谱,与生物学有关的血统、遗传等家谱,则是远远不够的。因为这些家谱多数都是父系家谱,完全忽视了母系。而这种父系家谱,又常常使我们发生很大的错觉。例如就有这种一种错觉:去掉母系,只是去掉了二分之一,因而即使去掉了二分之一,还剩下二分之一的真实呢。这是很大的错误。

不用说,一个人的出生,需要父母两个人。为了生养这父母两个人,需要有祖父母四个人,生养曾祖父母需要有八个人,生养高祖父母则需要十六个人。这样一代一代追溯上去,每一代祖先的人数要增加一倍。因此,如果追溯到十代前的祖先,就会有一千零二十四人,二十代以前的祖先就会有一百余万人,三十代以前的祖先,就会有十亿多人。如果追溯到三十代,一代算三十年,也不过是九百年前的事。当然这是推算的总人数,其中大部分是重叠多次的。本来九百年前世界上也不会有十亿多的人口。即便有这些人口,也不能设想从这里推算的十亿总人口全都生活在日本这个岛上。从少量的记录中可以看到,过去大陆和朝鲜的人口曾不断地移向日本。这十亿人,恐怕除了包括所有的日本人口外,还一定包括来自大陆的若干人口。如果设想一个人的祖先来自大陆,那么完全可以想象,这个人三十代前的祖先十亿人,可能包括了当时东亚的总人口。如果这样推算下去,如果将某人的祖先往前追溯一百代以上,那么,所有人类或多或少都算是有共同的祖先了。

接下来的话也不能当作事实,只是作为当然会成为事实的一种假设。如果用这样的方法反过来推算,假定每个人生育两个子孙,过了一百代,地球上所有的人类或多或少都是自己的子孙了。但这种可能性只是几兆分之一。虽然只是几兆分之一,但它却填补了必须填补的空白。几兆分之一的概念是,如果不聚集这几个兆,也就出现不了现实中的一个人。在这里发人深思的是,一个人能够生到这个世界上来该是多么不容易啊!佛教将之比作盲龟过浮木,但实际上岂止是盲龟过浮木这么简单,而是千载之一遇,是亿万个劫中一度的机会。看来个人的生命真的很宝贵,千万不可马马虎虎地虚度。

地球上的人类,在血统上就像网眼一样,四面八方都互相联系着,只是这种联系有的强有的弱而已。历史上所说的民族,不外是拉住其中最强的联系而聚成的一团罢了。因此,所谓民族的不同,与其说是质的不同,不如说是量的不同,这种看法才是比较稳妥的。

　　要从这种量的方面来看一个家族的家谱时,家谱的观念自然就和从前的不同了。如果是表现血统传承的家谱,按理说十代以前就会有一千多个祖先,可是普通的家谱中只记载了一个男人,或者至多再加上一个配偶而已,只有两个人。这就是说,从血统上看来只流传下来五百分之一的真实性罢了。这并不是假设,而是真实。恐怕我们真实的感情实际上也是这样。据说孙子就不像儿子那样亲密,对于没有在一起生活过的祖先,就不会有亲切的感情。假如家谱上前十代的祖先复活了,并出现在我们的眼前,那将会怎样呢? 假如是我的话,对于他们既不会觉得亲近,也不会觉得喜欢,一点感情也没有,只能把他们当作千分之一的亲戚来看待。也就是说,对他们只会表示出一种对待非亲非友的路人那样的态度,这也不应该受到什么责难吧。

　　关于日本文化的问题,也应该以这样流动的日本民族为背景,进一步流动地来加以认识。为什么呢? 因为文化的传播,比起血统的传承来,范围要广泛得多,速度也要快得多,而且文化的优劣之差也很大。譬如说,血统上一代平均是三十年,假使有四个儿子,子孙的繁殖率也不过是两倍。但是在文化的传承上,师傅和徒弟的年龄相差也可能是十岁,但一个师傅有十个或一百个徒弟也并不稀奇。文化的再生产要比肉体的再生产简便得多,快得多。所以,外来文化的一粒种子,在三五十年的短暂时间内,就可以把一个海岛或一块大陆上的人民全都教化成它的徒弟,这绝不是不可能的。一般情况是,文化传统的网眼,其相互联系非常紧密,强有力的传统网,并不是垂直过来的,而是斜着过来的。在文化上,儿子往往并不接受父母的感化,而是更多地接近邻人。当我谈到日本文化的时候,随着时代的不同,所以有时把它叫作终点站文化,有时把它叫作中转站文化,就是以文化所具有的这种流动性为前提的。这样,把日本文化作为流动的活的东西来加以认识,是我向来的看法。

所以,简单地说,世界文化的根源是在深厚的地基中相互联系在一起的,只是在表面的波动上存在着时间上和空间上的微小的区别罢了。让我来研究日本文化,我却说了这么一些话,这就好像从外国旅行回来谈见闻时说"世界上走到哪儿都没什么稀奇的东西"那样,似乎一点收获也没有。但是,在外国选择土特产时,看到微细的差别仍然是很要紧的,因为它是在其他任何地方都找不到的东西。那么,这种微细的差别又是怎样产生的呢?

所谓世界各地的文化,绝不是固定在一个地方的东西,也不是可以封闭起来的东西。如果它确实是遇见非常优秀的东西,那么不论如何严密把关,无论碰到如何险峻的地形,它都能穿越过去,传到世界的各个角落。但是不论如何强有力的文化浪潮,当它想要通过的时候,必然会遭到某些抵抗。因为,在文化上没有什么所谓的真空地带。换句话说,引进的文化必然要被当地固有的文化或多或少地改变。

本地固有的文化可以通过种种方法对外来文化加以改造。第一是选择。如果外来文化在性质上过于悬殊,那么就会受到固有文化的排斥。其次便是同化。外来文化很少能够原封不动地被引进,它总是要与固有的文化达成妥协,变成一种容易被消化的形态而被吸收。这种同化作用,尤其是在文化被反复复制的过程中最容易发生。这时候当然会出现堕落的一面,也会出现前进的一面。

说日本古代文化是终点站文化,这并不意味日本就是在新开发的土地上建立的垃圾场。说最近代的日本文化是中转站文化,但这也不是说车辆和货物在铁轨上空跑,没有留下什么东西。我的意思是,经过选择之后,合格的东西传播了进来,合适的东西保存了下来。为了使之进一步符合自己的审美观,不停地在加工着,无论它出自哪里,经过两三代,就都变成了优秀的本地文化,然后再与新来的外来文化进行较量,反复进行选择、同化的过程。

说实话,过去的日本文化,只是忙着接受外来文化,致力于使之与日本传统的调和,几乎没有向外界积极地传播过所谓日本独特的文化,至多也不过是扮演了中转站的角色,把西方的东西转手贩卖给东方罢了。因此可以说,日本文化在世界上的作用,并不是创造新的东西,而是保存旧的东西,这应该是日本文化的一大特色。

这并不是日本民族天生就缺乏独创性,而是由日本在世界史上的地位所决定的,因为日本距离世界交通的中心太远了。这就如同日本历史上几乎所有的名人大都出生于近畿地区,但却不能因此就说近畿地区的人在体质上就要比东北或九州的好,道理是一样的。世界各民族,一旦各自强调起本民族是如何如何优秀来,那就没有止境了。公元前六世纪前后的波斯人,会嘲笑希腊人是没有独创精神的民族。但到了接下来的五世纪,希腊人又该嘲笑罗马人没有独创精神了,其后又一定会轮到罗马人嘲笑日耳曼人,再后来必定是北欧人嘲笑东欧人。千万不要忘记,过去的历史是有限的,而人类的将来仍然有着无限的空白和时间。所谓民族本身,既然只能根据量的不同来加以区别,那么仅凭几千年的历史就要迫不及待地把一个民族的能力等归纳出来,这可以说是完全不必要的。

但在另一方面,我们是必须反省的。日本过去因为在接受外来文化方面做得有点过火,因此在传统上养成了一种不太好的风气。如上所述,所谓新文化,本来应该由内部创造出来的。但是,创造必须要在具备了一切有利条件,并且还要让这些有利条件实现最佳配比之后才有可能产生,在很大程度上往往具有偶然性。因此我们应该要有这样的意识,为了独创,就要付出很大的浪费,冒很大的危险。首先在确定目标时就会有很大的浪费,其次在目标范围内还会有很大的浪费。如果煞费苦心确定的目标错了,或者目标是对的但只因缺乏一种必需的材料而不得不放弃,那么之前的辛苦就会全成泡影。至于引进或模仿,情形就不一样了,因为事先已经有了结果,可以几乎不需要什么浪费就能安全地借用过来。而文化的差距越大,借用过来的东西看起来就越新颖。因此,在日本似乎已经形成了这样一种想法,凡是新颖的东西,都是从外国引进来的成功的东西。这固然是在所难免的事情,但若因此形成不去努力创新,甚至轻视创造价值的风气,那就太糟糕了。

各种各样的文化从外界陆续被介绍进来,这当然是最值得欢迎的,多多益善。但是,一旦加上了附带条件,那就非常麻烦了。从外部抛过来的绳索,在日本的某处有人接住一头把它拉起来,并且彼此将之确定为自己的势力范围,那么,另外一些该进来的东西就失去了进来的空间了。这样一来,日本从外界接受的东西就会非常片面。认为欧洲除了英、德、法三国以外就再也没有别的文化国家了,认为世界上除了欧美以外就都是没有文化的土人国,这类看法,不是至今还很有市场吗?

更坏的是,外部进来的新东西可能会利用其权威来控制人民。在原本就信仰所谓的正统、自己则随大流的日本,这种权威有时会变成一种暴力,扼杀真正的新文化的创造。这种担心并不是杞人忧天。

现在的日本,正处于东西两大阵营对峙的夹缝之中。尽管是偶然的机缘,但据说日本已经成了世界上言论最自由的国家。这也就是说,目前的情况是,世界上各种各样的思想都可以不受任何限制地传入日本。新文化的创造,前提必须是一切有利的条件在这里实现了最佳的结合,如果我前面所说的话不错的话,那么应该说唯有今天的日本才具备了这样的资格。然而,却总觉得似乎不能盲目地乐观,这又是为什么呢?这个问题似乎还是出在日本人身上。尽管机遇很好,但如果不能抓住的话,机遇就会毫不客

注释：

1. 分别用两个汉字的声母和韵母来表示另一个汉字读音的方法。例如，「核」字的读音为「何麦切」，取上切字「何」的声母 k 和下切字的韵母 ak 拼在一起，读成 kak。

2. 「则阙之官」，指官制上虽规定有此职位，但没有适当的人选时则可阙而不补。

气地跑掉。在有了这种可能性的时候，如果无法实现卓越的创造，那么如果当有人说日本在文化上仍然是一片不毛之地的时候，那也就无法反驳了。看来问题又回到了提问人的手上来了。不过，这里我想附加一句，新文化的创造，当然要靠演员的努力，但同时也必须要有高明的观众来加以批评和爱护。

新潮社《日本文化研究》1, 1958 年 11 月

幕末的攘夷论与开国论

——佐久间象山遭暗杀的背景

一

日本幕末维新史的叙述,长期以来在所谓"明治元勋"的压制下,遭到了严重的歪曲。战后,虽然自由的研究有了可能,但一度被歪曲的历史依然没有恢复其真实的面貌。所谓"攘夷运动",[①]其真相也意外地不为人所知。如果不了解史实的真相,就很难为当时舍身倡导"开国论"[②]的佐久间象山在历史上做出恰当的定位。其实,我对象山的生平事迹并没有太多的认识,只是在与中国的比较下,对幕末开国的影响有过一些思考。因此,我想以攘夷运动为背景,来探索象山之死对政局产生的影响。

---

① "攘夷",在日本幕府末期到明治维新时期意为对外国侵略势力的抵抗。"攘夷运动"即抵抗侵略运动,"攘夷论"即主张抵抗的意见。
② "开国",在日本幕府末期到明治维新时期意为打开国门,对外开放。"开国论"即主张对外开发的意见。

幕府末年出现的攘夷论,有着两副不同的面孔,即纯真的攘夷论和肮脏的攘夷论。前者是以水户学为代表的观念性攘夷论,以日本的国家体制为前提展开议论,因此是相当纯真且洁净的。后者则是由萨长①主张的攘夷论,虽然也受到水户学的影响,但他们的主张多半牵涉地方的利害关系,可以说是肮脏的攘夷论。如果不了解这些事实背后的真相,只是含糊其辞,那么就很难真正理解这一段历史的动向。

萨长是幕末攘夷的旗手,但他们一旦夺得了天下,马上就转变成了开国主义者,这究竟是为什么呢?是作为执政者的责任令他们从迷茫中醒悟了过来,还是天下的舆论导向已经指向了开国,迫使他们不得不顺应天下?但无论如何,这种转变都来得过于突然,以致无法给出合理的解释。为解答这个问题,我们必须把时间稍微往前推一些来展开说明。

二

一直以来,萨摩和长州都是德川幕府最不放心的两个大藩。单从石高②上来看,萨摩藩藩主岛津氏是七十七万石,远不及加贺

---

① 萨长,是日本旧藩国制时代萨摩藩和长州藩两者合称后的简称。前者基本相当于今九州鹿儿岛县,后者基本相当于今本州岛西端的山口县。萨、长二藩是推翻德川幕府的主要势力。
② 石高:日本战国时代到江户时代,幕府在分封或认可地方诸侯(大名、武士)时,其封疆或份地不按土地面积计算,而是按在标准产量的基础上获取租税的多少来表示身份地位的高下。一日本石相当于1.80中国石,"高"指总数量。对大名和武士而言,石高是授受封地或禄米以及承担军役的依据。

藩藩主前田氏的一百二十万石；长州藩藩主毛利氏是三十六万石，在其之上的其实还有广岛浅野氏四十二万石、仙台伊达氏的六十二万石等诸多大藩。但是，为什么只有萨长二藩能够在幕末的舞台上如此活跃呢？理由也很简单，因为二藩的财政非常富足。

但若要问为什么二藩的财政会如此富足，答案却相当讽刺，正是托了幕府锁国政策的福。众所周知，幕府只留下长崎一港向荷兰和清朝开放，且长崎的贸易由幕府直接控制，其他诸侯一律不准与外国直接交通贸易。可实际问题是，海洋那么宽广，海岸线那么屈曲漫长，要想彻底取缔走私几乎是不可能的。而且经贸管控得越死，走私的风险就越高，但所获的利益也更高。在全藩范围内大规模从事走私活动的，其实正是萨摩和长州。

萨摩的走私条件得天独厚。自从强制琉球对其臣服以后，为了往来琉球，萨摩藩因此制造了大型船只，通过琉球与中国展开贸易。同时，在本藩沿海地区则招徕清朝商船，走私贸易非常昌盛。

长州则靠近朝鲜。与朝鲜的交往，本来应该是由对马岛上的宗氏来承担的，但对马本身几乎没有物产，必须借助本土的力量。因此，对朝贸易中的实际获益者就是长州。同时，长州在跟清朝的贸易上也毫不含糊，长州远离长崎，却反而给走私提供了便利。

八代将军吉宗即位后，曾试图在日本西海岸取缔走私活动。享保二年（1717），幕府令长州、福冈、小仓各藩缉捕在海上与清朝奸商从事贸易活动的人。应该说没有什么比幕府的这种命令更愚蠢的事了，设想，如果没有藩主在后面煽动鼓励，走私怎么可能进行得了呢？因此，这一命令事实上是幕府对私底下从事走私活动的西部各藩发出的警告。但是，萨长并不买幕府的账。

对于萨长二藩来说，幕府的锁国政策给他们带来的利益，要远远超出给他们多加封几十万石，正是所谓的"锁国万岁"。但就在此时，随着欧洲各国黑船的到来，对外开放，即"开国论"的议论开始频频出现。如果日本一旦对外开放，那么，萨长因走私而获取的暴利就会荡然无存。

不管是否有季风，蒸汽船都可以来去自由，面对这样的新形势，稍有眼光的人都会明白，开国已经是不可避免的了。即使是下达过"锁国令"的德川幕府，自己也会被逼走上开国之路的。但反对的声音此起彼伏。首先就是以京都朝廷为中心的顽固派，但他们很容易对付，因为顽固的人通常都是胆小的懦夫，最难对付的，就是以萨长为中心的那帮利己主义的肮脏的攘夷论者，他们的真正目的，其实是想维护自身的走私利益。

吉田松阴与佐久间象山提倡的开国论产生过共鸣。安政元年（1854）日美临时条约签订以后，吉田松阴曾试图登上美国船只偷渡赴美，这是非常有名的故事。可为什么松阴被送回长州令其蛰居①后，很快就蜕变成了攘夷论者呢？唯一的解释就是，他被长

---

① 蛰居：江户时代对于武士以上的一种刑罚，令闭居一室，不得出外。

州这片土地上固有的攘夷论同化了。也许当时松阴还太年轻,在这一点上他算不上是个有智慧的人,因为正是在长州这样的地方,才更需要宣传洞察大局的开国论。

如前所述,萨长二藩从锁国政策中获得了巨大的利益。但一旦幕府愿意放弃锁国政策,首先开放横滨,在那里与欧美各国展开贸易,那么,日本的贸易中心就会转向横滨,幕府直接统治下的江户地区也将变得富裕,幕府本身从而也有可能因此恢复元气。还有,自从清朝向各国开放通商口岸以来,清朝的商品也经欧美人之手,一路运到了横滨、神户这些日本的中心地区。于是,长州的萩、萨摩的鹿儿岛,这些偏僻的城市作为走私港口的意义就会完全失去。这可是关系到二藩存亡的大问题,无论如何,必须马上将幕府的开国意向扼杀在摇篮里,这就是萨长二藩共同利益的所在,虽然对外不能这样宣称,但在内部是不言自明的道理。

于是,附带上全新意义的攘夷运动,就这样在萨长二藩的带领下轰轰烈烈地展开了,并且执拗地坚持着。好在二藩有着幕府望尘莫及的财政力量,因此不惜重金招揽本藩的脱藩者,利诱他藩的浪人,表面上高唱尊皇,暗中则坚持自己主张的攘夷论,试图动摇德川幕府的统治。

佐久间象山是出身于贫穷山国信州的政客,结局注定是可悲的。在他的面前,没有任何利诱,自始至终都在用最朴实的开国论对抗着肮脏的攘夷论,这就如同赤手空拳地闯入了匪伙一般。象山的立场很清晰,无非就是在既有的秩序之上,顺应世界局势的变化,提倡在朝廷和幕府的联合下实行对外开放而已。可是,既有的秩序已经腐朽透顶,连保护自己人人身安全的热情和组织都已经失去。

三

从文久三年到下一年的元治元年这两年中(1863—1864),攘夷运动迎来了重大的变化。首先是以萨长为中心的攘夷论者痛批幕府对外态度的软弱,联合朝廷的保守派动摇了幕府的方针,最后强迫幕府对外来势力进行抵抗,即攘夷。但真正到了抵抗的时候,长州的下关炮台也被占领了,萨摩的鹿儿岛街市也蒙受了重大的创伤。这时,萨摩的态度在急剧软化,可能意识到无谋的攘夷不知会给日本带来什么样的后果,于是希望作为激进派的长州也稍稍观望。

但长州的态度依然很强硬,他们认为既然已经迫使幕府同意抵抗,那么全国性的抵抗就近在眼前了。于是,他们鼓动孝明天皇拟定了巡幸大和、参拜神武天皇陵、祈愿攘夷成功的计划,企图以此统一舆论,对外国势力进行彻底的抵抗。

孝明天皇本来就不喜欢激进,他心目中的所谓攘夷,不过是回到锁国状态,并没有打算通过武力来驱逐。而且自从和宫①下

---

① 和宫为孝明天皇之妹,下嫁德川幕府第十四代将军德川家茂。此次婚姻是当时"公武合体"(朝廷与幕府联合)运动的重要组成部分。

嫁以后,他就对德川家茂将军十分信任,两人也十分投缘。在这样的背景下,在京都担任守护的会津藩和萨摩藩之间达成了秘密协议,排斥长州藩,通过中川宫的游说,改变了朝廷的意向。文久三年八月十八日,属于长州派的三条实美等数十位激进公卿被剥夺官职,巡幸大和的计划也被取消,朝廷将与攘夷有关的事务全权交给了幕府。

三条实美等七位公卿悄悄离开京城,投奔到了长州,这一事件也激起了全国攘夷派的群愤,所谓的志士们云集京都,策划发动政变,趁京都陷入混乱之时攻占朝廷。但计划被幕府探知,元治元年六月五日,新撰组①袭击了他们的藏身之处——位于三条小桥旁的池田屋旅馆,长洲藩士多数被杀。

消息传到长州后,长州的舆论更加群情激昂。长州藩的家老②率先统领兵马,在脱藩浪士的陪同下,渡过濑户内海,逼近京都,在京都的西部和南部形成了包围之势。但战斗并没有马上开始,首先是口诛笔伐。

长州藩寻找门路上奏朝廷,要求朝廷遵从民意进行抵抗、恢复抵抗派七公卿的职位,追查长州藩士在池田屋旅馆死于非命一案,罢免反对抵抗的会津等藩。但据说朝廷内同情长州藩的人很少,尤其是那些职位并不是最高的大臣们。

---

① 也称"新选组",日本幕末时期的亲幕府武士组织,主要在京都活动,负责维持当地治安,对付反幕人士,明治维新后解散。
② 家老,旧时藩国的家臣。

当时京都的形势十分危急,以会津藩为中心的幕府势力守卫着皇宫御所的各个大门,总指挥就是一桥庆喜(以后成为德川幕府的第十五代将军)。在这样的形势下,萨摩藩决定与长州藩分道扬镳,和会津藩一起行动。对此,长州藩军从京都西北嵯峨的天龙寺向南部的伏见、山崎集结,本藩的后续部队也在源源不断地赶来。在这样一触即发的形势下,据说是因为一桥庆喜的优柔寡断,对峙状态竟持续了一个多月。庆喜之所以最终决定开战,其实,佐久间象山之死是重要的原因。

四

此时的象山作为幕府的征士在逗留在京都。当时的舆论分裂为攘夷和开国两派,幕府无论如何都想拉拢朝廷,将之作为压制各藩最重要的手段,因而利用了象山的开国论。象山尤其得到了中川宫(后来的久迩宫朝彦亲王)和山阶宫(晃亲王)的信任。象山赴京那一年,也就是元治元年的三月,他本住在六角小路与乌丸大路交界处偏东一点一家叫作饼屋的旅店里,后来得到了木屋町与三条大路交界处稍北一点的一座住宅,和他从江户带来的爱妾阿菊住在一起。胯下是西洋马具装饰的栗色马,身揣着自己发明的手枪,象山跨马行走在京都城里的那种趾高气扬不难想象。

也许是因为池田屋事件之后京都处于戒严之下,多数浪人都已经离开了京都,象山因此大意了的缘故,七月十一日下午二时左右,在通往木屋町御池大路的道路上,象山在炭屋的屋檐下,被潜伏在那里的熊本藩士河上彦斋刺中了左胁,当场毙命。河上彦斋与久坂玄瑞友善,当时的久坂正在指挥长州军进入山崎,因此,河上应该是受了久坂的指使刺杀象山的。刺杀骑在马上的人是很困难的,因此河上必定是剑道高手,可悲的象山,竟死在了肮脏的攘夷者手中。

幕府要员竟然在光天化日之下被暗杀,这对于当时的幕府来说是极大的不利,也意味着幕府一方士气的低落和军备的废弛。而且,刺客河上彦斋竟藏身于因州藩邸,还那里顺利逃脱。因此,即便是优柔寡断的一桥庆喜,到了这种时候,与长州之间的一战也在所难免了。他以前所未有的决心,毅然指挥着幕府的军队,打响了七月二十九日蛤御门之变的战斗。结果,长州军大败,来岛半兵卫、真木和泉、久坂玄瑞等长州名士、浪人或是战死,或是自杀。

随着攘夷强硬派长州军的溃败,曾在幕末占据主流的攘夷论也遭受了沉重的打击,于是也不得不转变方向。但原因不止如此,无论是战败的长州,还是获胜的幕府和萨摩,都吸取了教训,争先恐后地扩充军备,疯狂地从外国购买武器。但幕府一方还好说,对于主张攘夷的长州来说,要他们低声下气地向自己的"敌人"欧洲人请和,并购买他们的武器,这简直是岂有此理!可是为了解燃眉之急,已经顾不了那么多了。在当时,藩的生存才是最重要的,尊皇也好、攘夷也好都是第二位的。于是,长州暂时以家老的切腹谢罪而收场,但很快便重新整顿了装备,展示出了与幕府抗衡的实力。帮助长州度过危机的,通常认为是高杉晋作的谋略,但其实迅速从英国赶回的井上馨和伊藤博文两人的行动才更值得大书特书。而且此时的萨摩已经在私底下与长州合谋,帮助长州购买必要的枪支和战舰。

于是,关于攘夷的争论以幕府一方的胜利自然就消解了。对曾经坚决主张攘夷的萨长和朝廷的强硬派来说,这是一件非常没有面子的事。为了挽回名誉,他们唯一可以高举的旗帜就是尊皇论,因此,只能孤注一掷地掀起讨幕运动。如果这次再次失败,他们的政治生命也将受到致命的打击。于是,长州和萨摩的密谋也就此形成,开始策划把朝廷卷入其中。

五.

庆应二年七月,第十四代将军德川家茂死于大阪。一桥庆喜也以此为契机停止征伐长州,解除了长州藩主毛利氏的朝敌罪名,恢复其原来的大名地位。而对于被朝廷处罚的公卿,可能是因为他们触怒孝明天皇的龙颜太甚,迟迟没有下达赦令。但同年十二月,孝明天皇突然离世,十五岁的明治天皇继位。公卿们依次得到赦免,朝廷再度成为攘夷派的舞台。局势的变化,对攘夷派来说是天赐良机,但也不得不令人生疑,所以从当时起就有各种各样的传言,也留给了历史学家们至今都无法解答的疑问。

如果说原本的攘夷三派(即激进的朝廷公卿和萨、长二藩)还有什么可乘之机的话,那么,这就是新任将军庆喜的优柔寡断。庆喜虽然天资聪敏,充满诚意,但凡事决断迟缓。这一缺点在当年的蛤御门之变中就暴露了出来,这一点已被不可小觑的策士西乡隆盛觉察到了。

庆喜体察内外局势,于庆应三年上奏朝廷,把全国的大权奉还给了天皇。他的打算是,即使自己失去了政权,但至少可以以大名之首的身份参与朝议。就在这间不容发之际,朝廷向萨长二藩颁下了讨幕的密诏。当时十六岁的明治天皇想亲自颁布这样的诏书怎么想都是不现实的,因此这道诏书非常可疑。所幸的是政变成功了,明治维新的局面因此拉开。

萨长终于得到了天下,锁国也好,攘夷也好,自然是不可能的,明治元年即发布了"求知识于世界,大振皇基"的宣言。对照此前的所作所为,这简直就是在愚弄人。这时,他们就把责任全部推给了皇室,仗着这是天皇对天地神明的誓言,绝不可违背,从而把过去的事情全都一笔勾销了。从整个经过来看,最了解开国益处的本来就是萨长二藩,正因为如此,他们才不愿意把开国获利这样的好事交给幕府来做,而必须要在自己的统治下亲自决定开国。不拘任何主义,根据现实需要转风使舵,这就是萨长政治家们的绝活。

六

　　但也有不愿就此驯服的家伙。他们往往是一群亡命之徒,往往被用来充当有勇无谋的攘夷急先锋。河上彦斋就是其中的典型。他在《五条誓文》颁布后,依然坚信朝廷一定会实行攘夷,因此每天都去三条实美的府邸问候:"在下惶恐,决行攘夷之日尚未定否?"三条不胜其烦,就把他流放到了远方,而他却改名换姓潜伏回来。他渐渐地变得愤怒,终于在明治三年年底被捕入狱,次年被判处死刑。

　　另一群不驯服的家伙,就是留在萨摩本地的人。幕末的开埠,虽然给全日本都带来了深远的影响,但只有港口附近一带趋于繁华,内地许多地方都遭遇了严重的不景气,尤其是西部沿海一带。长州、萨摩自不待言,福冈、佐贺、熊本等地,此前作为长崎贸易的腹地,多少也能从走私中获取一些利益,但随着横滨、神户等新港口的繁荣,它们完全没有了生意,陷入无边无尽的不景气之中。在当地人看来,他们一直都在充当着攘夷运动的后援,结果只是把少数政治家推入了中央政府,到头来自己却被彻底背叛了。同时,新政府笨拙的外交政策,又使得与朝鲜的贸易中断了,人们心中的不满日益加深。

216　　虽然只是在一小段时间内,西乡等征韩派还是试图与这些不满达成妥协,人为地挽回景气,他们多少还有点对过去的行为负责的态度,但大久保等自重派对地方上的不满则全盘抹杀,一意孤行地执行新的政策。终于,西乡下野后,西部沿海地区的不满便进一步加深了。

明治七年,佐贺士族打着"征韩、封建、攘夷"的旗号首先发动叛乱。两年后,熊本、秋月、荻等地也陆续叛乱。明治十年终于发生了最后也是最大的叛乱——鹿儿岛之乱。所谓自作自受,以萨长为中心的明治政府终于尝到了自己埋下的苦果。

后世若要想尽可能给出一个公正评价的话,德川幕府的倒台,明治维新政府的成立,从结果上来看的确是好的。这就如同开国政策一开始给人民带来了困苦,但从长远来看还是成功的一样。虽然结果是好的,但这并不意味着维新以前肮脏的攘夷者们犯下的种种暴行与罪孽就可以视而不见,就可以被美化,乃至被一笔勾销。同样,那些在当时虽然无力回天,但却作为真正的先觉者舍命启蒙世人的开国论者的功绩也不容忘却。

试比较一下日本和清朝的开国,一个重要区别就是清朝没有开国论者。不,并不是没有,就算有了,他们也没有勇气公开倡导,因此,清朝的开国就在攘夷论者的数落下迟迟没有进展。清朝一次又一次地与外国进行无意义的战争,战败后又在十分不利的条件下被迫开了国。

万幸的是,日本的开国论者是有勇气的。他们对攘夷论者当头棒喝,为明治新政的文明开化铺平了道路。如果以公平的立场附记：

我利用的参考书主要是德富苏峰《近世日本国民史》，尤其是其中的第53《元治甲子禁门之役》。现在《京都新闻》上正在连载《所司代》，其中《松平敬宗》第13《肥后浪士暗杀象山》一篇，不知是巧合还是特意的安排，正好刊载于今年的七月十一日，这一天正是象山遇难一百年的日子。关于河上彦斋的一些细节，主要来自熊本县出生的前京都大学中国文学科教授、已故狩野直喜博士的谈话。

对当时的人物进行功绩调查的话，那么，最大的荣誉应当属于开国论者。但明治政府的元勋们不愿意这样做，他们动了很多小手脚。他们神话松下村塾的教育成果，还将之强行塞进书本中，告诉我们那是明治维新精神的发源地。其实，我们依然生活在明治时代的空气中，从小到大都被灌输着幕末维新之时萨长英雄云集的历史。现在看来，那多半只是他们在抬高自己伙伴的地位。只要冷静地探讨他们的思想和行动就不难发现，真正的伟人少得可怜，多半都是碌碌无为之辈，而且尽是些活得太久只会妨碍日本前进的家伙。一味赞美这些人，神话明治政府的教育一直在持续着，在这次世界大战中，这样的教育其实也起到了非常不好的作追记：

日本医师会发行的《日医新闻》第 349 号（1976 年 3 月 20 日）的《医界风土记》139 滋贺县一栏中，刊登了伊良子光孝《伊良子家文书》的内容。据此可知，光孝的曾祖父光顺是孝明天皇的御医，天皇去世一案，在《光顺日记》中留有记录，认为天皇的死因「无疑是急性中毒」。

1976 年 3 月

用，这是不容否认的事实。

　　教育是需要一个人花一生的精力去从事的工作。从走出学校直到退休，虽然前后努力了数十年，但收效甚微，这一点，身为教育者的各位肯定都深有体会。教育的效果，只能靠一点一点不断的努力来积累，我根本就不指望会有什么奇迹出现，也容不得有这样的指望。在正确理解历史后，教育应有的面貌也就自然会呈现出来。我就是抱着这样的一丝希望，写下这篇文章的。

原载《信浓教育》第九百三十五号，1964 年 10 月

日本的《官位令》与唐《官品令》

序　　言

　　最近,突然觉得有必要将日本《养老令》中的《官位令》与中国唐朝诸令中的《官品令》作一个对比,起初只是想了解一下先贤的研究成果,可渐渐发现,单是了解前贤的成果已经无法满足自己的求知欲,感觉自己在这一专业之外的领域中陷得越来越深。如果将这些努力换来的成果束之高阁,未免有些可惜,于是决定在此留下一些自己的心得。本文撰述时所参考的论文,主要出自日本史研究领域的诸贤,这在《日本上古史研究》第一卷第一号时野谷滋的《关于近期的冠位制研究》一文中几乎都做了介绍。[1]

　　通常认为,日本古代的律令是以唐朝的律令为样本,并结合本国的国情加以调整而形成的。不过,虽然习惯上统称为"律令",其实,"令"才是第一义上的基本法典,而"律"则更倾向于由此派生出来的第二义上的法典。可以说,令是朝廷施政的方针政策,这一点类似于今天的宪法。令是命令的令,将必须遵守的方针政策规定下来,一旦违背了这些方针政策,则会受到相应的处罚,而处罚的相关规定就是"律"。因此,令文规定的各项制度,不单是告知应该怎么做,而且还具有必须这么做的强制性义务。

可见,"令"是非常重要的法典。诸令中排在第一位的,日本是《官位令》,唐朝则是《官品令》。如此看来,相当于今天宪法第一章的《官位令》和《官品令》,一定具有非常重要的意义。事实上,《官位令》、《官品令》均是朝廷规定下来的具有法制效应的阶级制度,当然,它也一定在不同程度上反映出了当时社会的阶级制度。也就是说,法制既有领先于社会发展水平的时候,也有滞后于社会发展水平的时候,但两者之间完全背离的情况是不存在的。因此,通过对比《官位令》和《官品令》之间所存在的差异,我们应该可以更好地发现它们所体现出来的当时的社会状态。

最近,"律令国家"这个词被经常使用。如果仅仅是用以表达国家的运作以律令为重要法典这层意思,则没有必要多加反对。但律令的内容并不是一成不变的,它在多大程度上与当时的社会发展水平互相照应,则应随时代和具体情况而定。尤其是古代日本将律令作为法律体系引进的时候,律令并不一定能应对当时的社会现实。日本的《官位令》和唐《官品令》乍看虽然类似,但如果仔细分析其内容,就能感觉到很大的差异。通过对这些差异的探讨,即可窥见当时唐日之间文化交流的一个侧面。

一 令文的探讨

日本令虽然是模仿唐令制定的,但一开始就把《官品令》改成了《官位令》,虽然只是一字之差,但其中一定有非改不可的理由。在分析这一理由之前,我想先对两者的令文做一个比较。

日本的《养老令》一直保存到现在,因此查阅令文并不困难。首先值得注意的是,《官位令》虽称"官位",但其内容其实是分为官品和官位两个部分的。官品部分置于前,文称:

亲王　一品　　太政大臣　二品　　左右大臣　三品

[四品] 大纳言　太宰帅　八省卿

其次是官位部分:

诸王　诸臣　正一位从一位太政大臣　正二位从二位左右大臣　正三位大纳言　勋一等　从三位　太宰帅　勋二等

以下是从正四位上阶到少初位下阶,从正一位到少初位下阶,共计三十阶。

唐令早已散佚,如今已看不到完整的内容。好在借助仁井田陞博士的成果《唐令拾遗》,我们得以在最大范围内复原唐令。但就《官品令》而言,如果深究其细部,那么还存在着不少问题。之所以这么说,如复原开元令中的《官品令》,其主要材料是《通典》卷四〇《大唐官品》条以及《旧唐书》卷四二《职官志》,《通典》在记载不同品级的官名、爵名时,对爵、勋、文散官、武散官的主要内容进行了注释,但在记载其他官名时却没有任何注释。再看《旧唐书·职官志》,如正三品条作:

> 正第三品
>
> 侍中、中书令、吏部尚书……
>
> 左右卫、左右骁卫、左右武卫、左右威卫、①左右领军卫、左右金吾卫、左右监门卫、左右羽林军、左右龙武、左右英武六军大将军、左右千牛卫大将军(自左右卫已下,并为武职事官)……中都督、上都护(已上除八大将军,并为文职事官)。

首先"正第三品"四字自成一行,然后另起一行罗列各种官名,对于文武散官以外的官名,则注明是文职事官或武职事官。注明文武职事官这一点,与《通典》不同。

---

① 原著脱"左右威卫",据《旧唐书·职官志》补。

至于《通典·大唐官品》和《旧唐书·职官志》两者哪一个才是令文原型的问题，我认为罗列官名之时只注明文武散官而不注明文武职事官是不可能的，但如《旧唐书·职官志》中"自左右卫已下，并为武职事官"这类草率的写法，也不符合令文的要求。在我看来，令文的原文或许如下文所列，应该在各个官名之下分别注明其文武职官、文武散官或勋官。

正第三品[2]

待中（文职事官）、中书令（文职事官）、吏部尚书（文职事官）……

左右卫大将军（武职事官）、左右骁骑大将军（武职事官）……

金紫光禄大夫（文散官）、冠军大将军（武散官）、上护军（勋官）……

令文应该按照以上格式，分别罗列从正第一品到从第九品这三十阶官品名号。以上是所谓的流内，以下还应有流外勋品到九品的九阶，以及视流内二阶和视流外三阶。《旧唐书·职官志》对流外以下的记载非常简略，全文必须参照《通典》。

对照日本《官位令》与唐《官品令》，日本《官位令》中，九位之上还有官品，而唐令中，流内九品之后还存在着流外和视品。这个问题姑且不论。在比较日本的九位和唐朝的流内九品时,首先引起我们注意的是两者书写格式的差异。这种差异看起来不过是形式上的问题,但若仔细分析,就会发现这绝不是单纯的形式上的差异,而关系到本质性的内容。

日本《官位令》的令文,其书写形式从一开始就呈现出了文章的模样。这到底是文章还是表格?我曾经对之产生过疑问。不过,不管是表格还是文章,至少是可以像文章那样阅读的表格。换言之,令文中出现的"位"和"官",比重是相等的。也就是说,"位"和"官",不是用谁来说明谁的问题,而都有着各自独立的价值,只是两者品级相当、处于并列状态而已。因此,准确地说,《官位令》就是"官"和"位"的相互对照表。

与此相反,唐令中,如"正第三品"这样表示品阶的小标题单行书写,之后换行列举同一品阶的官名官号。也就是说,在表示某一品阶的小标题之下,形成了一个表格的形式。因此,"品"和"官"并不处于对等立场,"品"只是"官"的限定词而已,可以说,唐《官品令》是表示各种官职品阶的表格。因此,日本的"位"是直接对人的高低上下进行排列,而唐朝的"品"则是对官的高低上下进行排列。

这么说似乎有点儿绕口,直截了当地说就是,日本的"正某位"是独立的官衔,可以用来直接称呼某人,而唐朝的"正某品"绝不是官衔。日本的这种做法一直沿用到今天,而唐朝的做法也一直延续到了中国的清朝末年。

二　冠位和位阶

日本令虽说是模仿唐令制定的,但日本《官位令》的"官位"是"官与位",而唐《官品令》的"官品"是"官之品",这是日本和唐朝这两种令最显著的差异,这一点非常令人关注。也就是说,两令虽然在形式上酷似,日本令只是把唐令中的"品"字改成了"位"字,但是,两令的这一点差异正反映出了各自不同的传统,有着独立的意义。

日本的"位阶",之所以可以作为一种官衔独立于官职之外使用,无疑源自这之前的"冠位"制。众所周知,我国古代的"冠位制"的制定始于推古天皇十一年(603),分大德、小德、大仁、小仁、大礼、小礼、大信、小信、大义、小义、大智、小智,共十二阶。

至孝德天皇大化三年(647),原有的十二阶被改定成了大织、小织、大绣、小绣、大紫、小紫、大锦、小锦、大青、小青、大黑、小黑和建武,共十三阶。这一改定具有重大的意义。此前学术界都认为,大化三年改定的十三阶,只是把推古时期的十二阶改换了名称并在最后加上了"建武"一阶而已,但最新的研究却提出了完全不同的观点,认为在大化十三阶中,前面的六阶和最后的"建武",是新设置的冠位,而中间的六阶,则相当于推古时期的十二阶。这种观点似乎更能够令人接受。[3]这里，我将其后大化五年（649）、天智三年（664）、天武十四年（685）继续推行的冠位制改革，以及大宝元年（701）令制规定中的新位阶制一起制成了表格。[4]

日本冠位制变迁表

（大宝元年令制中诸王位阶列止从五位下）

推古十一年(603)	大化三年(647)	大化五年(649)	天智三年(664)	天武十四年(685)		大宝元年(701)	
				诸王以上	诸臣	亲王	诸王诸臣
	大织 小织	大织 小织	大织 小织	明大一 明广一	正大一 正广一 正大二 正广二	一品	正一 从一
	大绣 小绣	大绣 小绣	大绣 小绣			二品	正二 从二
	大紫 小紫	大紫 小紫	大紫 小紫	明大二 明广二	正大三 正广三 正大四 正广四	三品	正三 从三
大德 小德	大锦	大华上 大华下	大锦上 大锦中 大锦下	净大一 净广一 净大二 净广二	直大一 直广一 直大二 直广二	四品	正四上 正四下 从四上 从四下
大仁 小仁	小锦	小华上 小华下	小锦上 小锦中 小锦下	净大三 净广三 净大四 净广四	直大三 直广三 直大四 直广四		正五上 正五下 从五上 从五下
大礼		大山上	大山上 大山中 大山下		勤大一 勤广一 勤大二 勤广二		正六上 正六下

推古十一年 （603）	大化三年 （647）	大化五年 （649）	天智三年 （664）	天武十四年（685）		大宝元年（701）	
				诸王以上	诸臣	亲王	诸王诸臣
小礼	大青	大山下	大山上 大山中 大山下		勤大三 勤广三 勤大四 勤广四		从六上 从六下
大信	小青	小山上	小山上 小山中 小山下		务大一 务广一 务大二 务广二		正七上 正七下
小信		小山下			务大三 务广三 务大四 务广四		从七上 从七下
大义	大黑	大乙上	大乙上 大乙中 大乙下		追大一 追广一 追大二 追广二		正八上 正八下
小义		大乙下			追大三 追广三 追大四 追广四		从八上 从八下
大智	小黑	小乙上	小乙上 小乙中 小乙下		进大一 进广一 进大二 进广二		大初上 大初下
小智		小乙下			进大三 进广三 进大四 进广四		小初上 小初下
	建武	立身	大建 小建				

　　大化三年改制后不久的大化五年，再次对冠位制进行了改革，个中原因，看了上表以后便可一目了然。大化三年改制时，将推古时期大德、小德以下的每两阶都合并成为大锦以下的一阶，这无论如何都是不均衡的，因此很快就感觉到了有必要将之分成上下。分成上下阶以后的冠位，又分别给予了与之前不同的名称。如大锦、小锦改成了大华、小华，大青、小青改成了大山、小山，大黑、小黑改成了大乙、小乙。推古冠位制与大化冠位制之间之所以存在如此重大的变化，是因为这四十五年间日本社会整体上发生了巨大的变化。这一变化的起因，无疑是与中国建立了直接的外交关系，大陆先进的文化传播到了日本。在此期间，日本已经派出了两次遣隋使和第一次遣唐使。大陆文化的输入，在政治上必然会加速旧的氏族制度的崩溃，促进官僚制度的形成。一般说来，氏族制度的持续发展，必将导致封建制度的产生，而封建制度则具有很强的割据色彩。中国上古时期的封建制就是典型事例，而欧洲中世纪的封建制度，与其说是罗马帝国崩溃后的产物，不如说是在日耳曼民族的氏族制度之上发展起来的更为确切，日本镰仓时期的封建制，也应该是落后的关东地区土著氏族制度发展到一定程度以后形成的产物。然而，由于与大陆的文化交往，日本古代社会以近畿地区为中心的氏族制却得以跨越封建制，直接迈进了官僚制度。从冠位制上来看，推古时期的大德、小德以下，还带有强烈的氏族制色彩，冠位的高低与氏姓的高下之间，尚未完全摆脱两者之间的对应关系。但到了四十五年后的大化年间,官僚制度已经压倒并超越了氏族的高低。[5]官僚优于氏族,这就是大化新冠位制的意义。例如在氏族中地位并不高贵的中臣镰足,却因官僚仕途的荣耀而被赠予了新冠位中的最高等级——大织冠。大化以后,冠位制几经改定,官僚制的性质越发浓厚,最终于大宝元年彻底转化成了令制中的位阶。

由于日本的冠位制原本就带有氏族制特征,因此也同时带有部分封建制的特征,所以冠位号和氏姓一起,成为朝廷认可的荣誉称号而广泛使用。不过,我们阅读《日本书纪》时不难发现,这些称号更多地见于外交记录,当然这也许与史料的来源不无关系,但也与日本与朝鲜的外交交涉有关。在与朝鲜的交往中,似乎有一种对应彼此称号的必要,对来自朝鲜的归化人,赐予其与原有地位相应的冠位是当时的惯例。《日本书纪》卷二七"天智天皇四年二月"条中有这样的例子:

是月,勘校百济国官位阶级,仍以佐平福信之功,授鬼室集斯小锦下(其本位达率)。

这里,我们需要重新思考推古冠位制与大化冠位制之间的差异。可以这么说,日本的冠位制,最初是因为必须与三韩的官位进行比照而产生的。随着与中国建立了直接的外交关系,民族主义思想又促使日本欲与中国的品阶比肩,决意拔高自己。大化冠位制改革之际,在原有的大德之上又增加了六阶新的冠位,这无疑就是为了与中国对等而新发明的身份。也许在大化的新冠位制中,代替原来大德的大锦冠位,实际上相当于三韩的最高位,而新设的大织,则可比之为唐朝的最高位。于是到了《大宝令》发布之时,大织成了一位,小乙成了初位,正好可以比照唐朝的一品到九品。

然而,《大宝令》中的位阶,也只不过是把此前大织以下的冠位换了个读法而已,依旧作为正式的官衔使用着。而且这还不是习惯性使然,而是令制中规定的称法。《大宝令》今天已经散佚,无法见其原貌,但《养老令》的公式令文中经常可以看到官员署名时必须写出"官职姓名"的要求,具体地说是要写清"某官、某位、某姓、某名"。如官位明确的,比如在面对天皇诏敕时,宣、奉、行的署名要按照以下格式书写:

中 务 卿　　位　姓　名　宣
中 务 大 辅　位　姓　名　奉
中 务 少 辅　位　姓　名　行

如果本官之外还有兼官时,署名时兼官名号也须全部写出,这种情况则称为"具官"。但这在日本的公式令中只能找到一处,即奏弹式。

而在被称为日本令母体的唐令中,则一概没有官员正式署名时必须写出官品的规定,相当于日本"官、位、姓、名"的部分通常会出现"具官、封、姓、名"的文字。仁井田陞博士《唐令拾遗》中所引敦煌文书开元公式令残卷中的制授告身式（该书第559页以下）可见如下格式：

中 书 令	具官	封	臣姓	名	宣
中书侍郎	具官	封	臣姓	名	奉
中书舍人	具官	封	臣姓	名	行

中国在几乎所有的场合下都规定官员署名时不仅要书写"官"（本官），还规定要"具官"。所谓"具官"，也就是不仅要书写文、武职事官，还必须书写散官和勋官。如我之前所说，这些内容在《官品令》列举的官爵名下都已一一注明。还有，具官下的"封"字，指的是爵。如果单是爵，那只是指称王、公、侯、伯等爵位，但有爵者原则上必然伴有具体的封地，因此在署名时就有必要合写"封、爵"，如"武都县开国伯"。

至此，通过对日唐两国官僚制中《官位令》和《官品令》性质差异的比较，我们可以确认这么一点，日本的位阶是被加入到官员正式官衔中去的，而唐朝的品阶则绝对不会写入官员的官衔之中。例如仁井田陞博士在上引《唐令拾遗》的同一处引用了《金石萃编》卷一〇二《颜鲁公书〈朱巨川告身〉》中杨炎的官衔为：

银青光禄大夫　守门下侍郎　同平章事　上柱国

杨炎的这一串官衔中虽然包含了文散管、职事官、勋官，但不包含表示品阶的文字。相反，伊藤东涯《制度通》卷五《度牒式》中所引圆珍度牒，上面的署名为：

治部郎中　从五位　纪　赖成

只是偶然在封的位置写上了"位"。

根据是否将位阶（或品阶）写入正式官衔之中的这些例子，我们不得不承认日中两国的官僚在气质上存在着非常明显的差异。位阶也好，品阶也好，其中必然伴随着数字，但崇尚高雅的中国贵族社会，无法容忍用一目了然的数字来表示官衔等级。职事官的官称自不待言，各种散官、勋官名号的含义，知道的人就知道了，不知道的人可以对照官位表来判断其等级。

而日本的情况则不同。律令制度传入日本的时候，国内的统一才刚刚趋于完成，直属于天皇的开国功臣们迫切希望夸耀功劳，张扬自己在统一王朝中的权力地位，非常需要一个一目了然的标准，唐朝那样蕴意深刻、需要查阅官品令后才能判断地位高低的官号完全不符合当时的需要，只有数字这样一目了然、直截了当的表示方法才符合当时的需要，就连在中国绝对不含品阶数字的勋官，在日本都被加上了从勋一等到勋十二等的编号。

律令时代这种做法，到了明治时代又一次上演了。就像律令时代氏族衰落、官僚崛起那样，明治时代，旧封建大名权威衰落，

233

参与维新的元勋们威仪大振,位阶勋等制度也因此获得了重生。同时,明治新制中还加入了只授予军人的"功级"制度,例如"正三位勋一等功二级",这是个多么无趣的官衔,简直就是一个数字的罗列,但军人占据优势的明治体制也因此确立了。

三　爵　位　的　意　义

如上所述,日本《官位令》中规定的位阶,虽然在形式上酷似唐朝的官品,但本质上存在很大的差异,所谓位阶,毋宁说只是把从前的"冠位"换了个名称而已。在《令》的注释中,把位阶称为"爵位",这一说法也值得我们关注。《令集解》引《官位令》篇首的《令义》称:

> 职掌所事,谓之官,朝堂所居,谓之位也。凡臣侍君尽忠积功,然后得爵位,得爵位者然后受官。官有高下,爵有贵贱。

文中将"位阶"解释成"爵位",[6]这种解释并非始于令制,在此前施行的冠位制中就已经存在,将"冠位"称为"爵位"。如《日本书纪》卷二九"天武天皇二年八月"条所载赐予躭罗国王及其使者冠位时称:

在国王及使者久麻艺等,肇赐爵位,其爵者大乙上。

其中将"大乙上"冠位称为爵位。同书同卷"天武十四年"条中记载废除大织以下冠位,新设明位、净位、正位、直位、勤位、务位、追位和进位等冠位时,称"改爵位之号"。虽然日本的位阶相当于唐朝的品阶,但唐朝的品阶绝不是爵位。据《官品令》记载,唐朝分设"王、嗣王、郡王、国公、开国郡公、开国县公、开国侯、开国伯、开国子、开国男"十等爵位。日本《令》中没有与之相对应的爵位,因此把位阶说成了爵位,这种说法绝不是唐朝的制度,然而,将位阶这样的身份等级称为爵位,在中国历史上也并非没有先例,不过那应该是秦汉时期的制度。

秦汉时期的爵位非常特别,为了说明这点,我们必须追溯到更早的时代。中国上古时期实行的是分封制,当时政治上的阶级分为爵和禄两种。《孟子·万章下》云:

北官锜问曰:周室班爵禄也,如之何?

孟子曰:……天子一位,公一位,侯一位,伯一位,子、男同一位,凡五等也。君一位,卿一位,大夫一位,上士一位,中士一位,下士一位,凡六等。禄足以代其耕也。

孟子所答前半部分中的"天子、公、侯、伯、子男"五等是爵位,后半部分"君、卿、大夫、上士、中士、下士"六等是禄位。这里爵体现的是分封制,爵的贵贱也就意味着封国的大小,分封制下天子的本质也不过是最大的诸侯而已。而禄位则是封建诸侯在封国内部的官职等级,体现的是官僚制。

秦朝统一六国以后,在全国推行郡县制,废除了旧有的封建诸侯,爵位也因之消失。秦朝同时又制定了新的位阶制度,也称之为爵,那就是所谓的二十等爵。汉朝基本沿袭了这一制度。《汉书》卷一九上《百官公卿表》载:

> 爵:一级曰公士,二上造,三簪袅,四不更,五大夫,六官大夫,七公大夫,八公乘,九五大夫,十左庶长,十一右庶长,十二左更,十三中更,十四右更,十五少上造,十六大上造,十七驷车庶长,十八大庶长,十九关内侯,二十彻侯。皆秦制,以赏功劳。彻侯金印紫绶,避武帝讳,曰通侯,或曰列侯,改所食国令长名相。

从爵名中的大夫、士、庶的名称中也可以看出,这是以一国内部的官僚组织即禄位系统为基础创立的体系(但不伴随俸禄)。最高爵中保留了关内侯和彻侯的名称,这是爵位制的遗存。汉初,郡县制与封建制并行,因此在二十等爵之上又增加了诸侯王的爵名,于是爵位和禄位就出现了混淆。《汉书》卷一《高帝纪》二年二月条颜师古注引臣瓒曰:“爵者,禄位也。”这代表了秦汉时期对爵位的基本认识。

但此后带有禄位性质的爵制逐渐废除,变得有名无实,而上古式的分封制则部分复活,爵名也再次和分封制相结合。对后世影响特最大的是三国曹魏末期掌握实权的司马氏推行的五等爵制,即在国王之外制定开国郡公、开国县公、开国郡侯、开国县侯、开国伯、开国子、开国男等一系列封爵。南北朝隋唐时期,与之基本相同的分封制,在郡县体制的缝隙中虽然很微弱但却一直存在着,因此唐代所说的爵,是表示这些分封诸侯等级的名称,而绝不会将官品混同爵位。

日本令中将与封建制无关的位阶制称为爵位,这显然不是唐代的思想,而是汉代的思想。必须一并考虑的是,日本《官位令》为亲王设定了一品到四品,为诸王诸臣设定了正一位到少初位的三十阶。根据《继嗣令》,亲王是天皇的兄弟和皇子,他们均为天皇的直系亲属。日本的古代历史上,皇位继承中常常有兄弟相继的传统,因此,亲王换言之就是最有希望的皇位继承人。诸王诸臣称"位",而亲王却是称"品",这并不是出于对亲王本人的尊敬,其终极目的,应该是通过对天皇近亲的尊敬,从而上升到对天皇的尊敬。由于当时的日本正是天皇制的发展时期,建立强有力的中央集权政治是朝廷追求的理想。[7]就这一点而言,中国历史上与之相似的时期当然就是汉代初年。汉朝虽然继承了秦朝统一天下,但已经长期习惯于分封割据的天下民众,并不能马上就能够认识到统一君主存在的必要性。因此,汉朝政府尽一切手段致力于强化皇室的尊严。《汉书》卷九七《外戚传》云:

注释：

1. 时野谷滋列举的论考有如下一些。竹内里三：《律令官位制中的阶级性》，《史渊》四七，昭和二十六年；野村忠夫：《律令制官人社会机构的考察》，《书陵部纪要》二，昭和二十七年；曾我部静雄：《位阶制的形成》《艺林》四之五、六，昭和二十八年；时野谷滋：《日唐令中的官与位》（上、下），《艺林》四之五、六，昭和二十八年；《净御原令与古代官僚制》，《古代学》三之二，昭和二十九年；喜田新六《关于位阶制的变迁》（上、下）《历史地理》八五之二、三、四，昭和二十九、三十年；牧英正：《资荫考》《法学杂志》二之一，昭和三十年；平野博之：《关于位子》《日本历史》八五，昭和三十年；宫田俊彦：《圣德太子御传私记》《茨城大学文理学部纪要》六，昭和三十一年。最近的还有坂本太郎：《古代位阶制二题》，载《泷川博士花甲纪念论文集》第二册《日本史篇》，昭和三十二年。

（吕太后）戒产、禄曰："高祖与大臣约，非刘氏而王者，天下共击之。"

"非刘氏者不王"成为当时的铁律。日本步入律令时代之初，恰如中国的汉朝初期。

日本《官位令》在亲王的"品"和诸王诸臣的"位"之间设置了巨大的断层，唐《官品令》则在流内与流外之间出现了鸿沟。唐令中将流内、流外同时分为了上下两级，探究流外的源头，则可追溯到南朝宋齐时代的勋位。勋位本身是魏晋九品官制内部的特殊区域，并不是九品官制之外的存在。比较宋齐的九品官制和日本

2. 注释：

关于「品阶」的正确称呼。魏晋九品官制中从第一品到第九品的称呼没有问题，北魏在第一品下与第二品上之间设立从第一品，以此类推至从第九品。虽然实际上已经产生了正从，但却还没有使用「正」字。正字作为从字的对立意义，其出现大约是从北齐开始的。《通典》卷三八《北魏职品》中有正一品、从一品，直到从九品，而《隋书》卷二七后齐官制条中只有第一品，从一品云云，没有正字。隋制虽在《通典》《隋书》中有正一品、从一品的写法，但恐怕如北齐第一品那样，在中间加入第字的写法才是正确的。唐制在《通典》中的写法是正一品、从一品，从一品云云，《旧唐书》卷四二《职官志》的写法是正第一品，从第一品，加入第字的写法才是正确的。因此隋代应该也是一样的。

北魏在各品阶中还分出了上中下三阶，此后只分为上下阶，这种传统经由北齐影响到隋唐，隋唐四品以下也分为上下。在各品分上下的情况下，令文在列举官名之后，会写上「以前上阶」的标注，而下阶则没有任何标注。《通典》所载北魏、北齐、隋、唐制度，《隋书》所载北齐、隋代制度，都采用了这种记录方法。因此，上阶自然是写成正第几品，而下阶则不加下字，直接写作正第几品才是对的。就如同将军之上有上将军，而一般的将军就不会叫成下将军。虽然只有上没有下的写法是对的，但为了防止混淆，加上「下」的叫法实际上也应该是存在的。日本《令》虽有「以前上阶」的写法，但实际上称呼下阶时是加「下」字的。《旧唐书·职官志》中设正第几品下阶这样的条项，就是为了符合这种习俗。

《令》的九位官制，可以将日本的亲王比拟成宋齐的流内，而诸王诸臣则可比拟成宋齐的流外，只是亲王在数量上相当少而已。在亲王与诸王诸臣之间设置断层的想法，无疑是从宋齐在流内和勋位之间划出鸿沟的做法中得到的启发。如此说来，日本的《官位令》还混入了南朝的制度。

注释：

3. 从推古朝的冠位到大化年间的冠位。以前一直认为，推古朝的大德对应大化的大织，但喜田新六最早提出了疑义。宫田俊彦《新订增补国史大系日本书纪》推古十一年纪十二月戊辰朔壬申条载："始行冠位，大德小德（师说云今之四位）、大仁小仁（五位）、大礼小礼（六位）、大信小信（七位）、大义小义（八位）、大智小智（初位），并十二阶。"从夹注中可以推定，最初的冠位十二阶不包含三位以上（参照注一所引喜田新六文）。实际上这样的夹注虽不见于此前的国史大系本与六国史本，但可见于最早的郁文舍刊本朝六国史（明治四十年）。且该刊本《续日本书纪》卷二「文武天皇大宝元年春正月乙亥朔」条载："「宣诏赠正广贰右大臣（正二位）长德之子也」。"本文所附表格也正是在参考了这些夹注后才满怀信心地制作的。

结语　日唐交往中的多样性

在思考日本初期律令政治的时候，人们动辄认为日本只是把唐朝的制度原封不动地搬过来并将之小型化而已，但若加以深入探讨，不难发现事实并非如此。事实上，日唐之间的直接交往开始以后，例如在建筑与器物等方面，日本能够将当时最先进的技术进行原封不动的照搬，但在政治制度、经济制度等必须与社会发展水平相适应的领域，生搬硬套是行不通的，必须与当时的国

注释：

4. 冠位表的探讨。将此表对照史实进行验证，根据《书纪》，高向黑麻吕（玄理）在大化三年为大锦上（或本云大华下），由此小德可转换为小紫，再荣升为大锦上。巨势德太（德陀古）皇极天皇二年为小德，大化五年从小紫上升为大紫，这应该是在皇极天皇二年之后的六年间由大德晋升为小紫。这样快速的晋升并不奇怪，白雉五年遣唐大使吉士长丹也由小山一跃而为小紫，天智天皇即位的八月即晋升一级，成为大华二级。唯一难以解释的是，药师惠日舒明天皇二年时为大仁，白雉五年反而成了大山下，若不是被降级，则是之前的大仁应是大信之误。冠位下限的对照还不明确，但《日本书纪》卷二五「大化三年十二月」条称「七日建武（初位）」，建武、立身在当时就已经被称为初位。这从《书纪》「天名立身」中也可得以证明。这里的大建小建二阶」中也可得以证明。这里的大建小建，经过进冠，可与小初位相接。在本文的冠位变迁表中，以高位的正广二＝正二位、大紫＝正三位、大德＝正四位、低位的大智＝大初位、建武＝初位＝立身＝大建小建为准，再将上低位之间的内容进行合理分配。

情相符合，因为日本当时已经拥有了自己的传统。

虽说是日本的传统，却也未必就是日本土生土长的，其中还意外地包含了不少起于中国本土，经由朝鲜而传入日本的事物。但这些事物在经历了几代人之后，已经很难与真正的纯日本本土的传统相区别了。冠位制就是其中的一例，有多少是朝鲜的？又有多少是日本的？朝鲜的背后又有多少是中国的？这些都已经很难分得清了。冠位制在日本也有着近百年的传统，这一本土传统，与新的外来文化官品制产生尖锐的对立之后，终于使唐朝的官品制脱胎换骨，树立起了新型的日本官位制。

注释：

5. 关于八色之姓。在官僚性质的位阶制度发展的同时，天武天皇十二年又制定了氏族制的八色姓，赐予真人、朝臣、宿祢、忌寸、道师、臣、连、稻置诸氏为姓号。这与北魏孝文帝在建立官僚制度的同时又分定姓族的效果相似，目的就是为了树立起以天皇家为中心的贵族制度，同时摧毁旧的姓氏制度。当时日本的处境酷似孝文帝时期拓跋部落的处境。

6. 关于禄位和爵位。《令集解》在此之前书「郑玄曰，食禀曰禄，居官曰位也」。国书刊行会本在栏外注记：「食禀以下六字，塙一本作禄曰禀食，位曰爵位。」郑注的出处不详，与之最接近的是《孝经·士章》邢昺疏「禄谓禀食，位谓爵位」。《周礼·大宰》郑注曰：「禄，若今月奉也」，位，「爵次也」。皮锡瑞《孝经郑注疏》在《士章》郑注下注有「食禀为禄」，也许本来这下面有「爵次为位」的语句。

在此之际，日本确实是以唐令为范本创立了日本令，但是，对中国已经进入了唐朝这一新时代的认知却极为薄弱。日本很少意识到自己正在引进的是与此前的隋南北朝、汉朝有所不同的唐文化，只是在唐的名义下，吸收着包含以往在内的中国文化的全部。换言之，在日本人眼中，唐不过是中国的别称。因此，《日本书纪》中把小野妹子出使隋朝写成了出使大唐，又把陪伴小野妹子来到日本的隋使裴世清称为"唐客"。因此，日本并非有意识地一定要引进唐代制度，也不认为唐代制度有什么特别的新意，只要与当时日本国情相适应的，无论是南北朝的制度还是汉代的制度，甚至是更古的《周礼》中的制度，都可以引进来帮助日本制定

注释:

7. 关于日本的「品」只用于天皇近亲的理由。天皇曾经从与南朝的交往中获得过中国的品阶职称;在与唐朝交往时,若将完全相同的官品作为官衔则可能会产生矛盾,这些因素需要联系起来思考。无论如何,如果把官位制的问题仅局限于日本国内来思考,那么则难免隔靴搔痒。

追记:

本稿于昭和三十三年十一月在东方学会总会上发表,其要旨刊登在同年十二月一日发行的《东方学会报》创刊号上。几乎同时,昭和三十四年四月发行的东大教养学部《历史与文化(Ⅳ)》上刊登了黛弘道的《冠位十二阶考》一文,其主旨与本文多有暗合之处。

(1975年12月)

令制。在日本官制中具有重要意义的大纳言一职,其实正是唐朝最厌恶的隋朝的官名。

在模仿唐制的同时,也采用唐朝以前的制度和思想,这样的态度必然导致出现唐制中所不存在的制度。事实上,唐朝距秦汉统一已经七百余年,建立在充分实践之上的官僚制度已非常完善,它所具有的复杂程度,对于当时尚未经历政治历练的日本人来说,显然是过于遥远了。很多前人已经指出,日本的令制在政府组织方面比起唐朝来已经简化了许多。其实仅从《官位令》的内容上就可以发现,日本没有唐朝的散官,文武官的区别也不明显。前面已经提到,日本的官位中没有爵,没有视品,也没有流外。总之,日本制定律令的时期,虽然在绝对年代上与唐朝处于同一个时代,但就社会发展水平而言,绝不能说处于相同的时代。我的结论是,将之比拟为汉朝最为恰当。

三韩时期的位阶制

绪　　言

　　历史学上有些问题尽管非常重要,但一直以来却没有多少研究成果。这是因为历史学上的问题,在某种程度上是众人皆知的,但若想再深入一步的话,就常常会遇到因史料不足而难下结论的情况。所以,长期从事这一领域研究的专家,往往会不屑于提出这些问题。可是,对于门外汉来说,他们想知道的并不一定是根据确切的史料经过严密考证的过程,其实只要有一个粗线条就可以了。我在这里想提出的古代朝鲜,亦即三韩时代的位阶制问题也是如此。尽管就三韩各国的研究已有不少优秀的论文问世,[1]但是关于三韩之间的关联,却尚无专家给出进一步的解释。在考虑日本古代冠位制形成与三韩的关系之际,首要问题就是三韩之间位阶制上的相互关联。最近我在杂志《东方学》第十八辑上发表了题为《日本的〈官位令〉与唐〈官品令〉》的论文,在考虑日本古代冠位制问题时,意识到考虑这一问题必须与古朝鲜的冠位制度相结合,虽然花费心血查找,却没有找到能供我就此参考的成果。《朝鲜学报高桥先生颂寿纪念论集》编委今西春秋君邀我撰稿时,我决定将一些常见的史料按自己的思路罗列于此,为今后将要触及这一问题的学者提供便利。由于这是一个没有结论的问题,因此本文也提不出什么明确的观点,都是些推论而已,将之视为业余爱好者的小把戏即可。

高句丽、百济、新罗三国均采用了相似的位阶制度,这在当时的史籍中留下了记载。我在这里使用的"位阶"一词,是遵从了日本的用法。日本位阶制形成之前,曾存在过冠位制,因此,在日本过去的"国学"中,常常把朝鲜的这项制度也称为冠位制。《释日本纪》中引用了《弘仁私记》一书,将百济制度中的达率恩率,新罗制度中的波珍干岐、萨湌、及伏(伐)干、韩奈末、奈末等名词都注释成冠名,并且把它们比照成日本的大德或者大织,认为它们具有同样的性质。此外,《释日本纪》卷一〇"波珍干岐"条载:

　　《私记》曰:私说为新罗之爵级。

前面说是冠名,这里又改称为爵级。因此避免误会最好的方法,就是统一称之为日本古代位阶。

朝鲜史籍中将这些名号称作官爵、位或秩,后世则称其为官阶。《三国遗事》卷一"太宗春秋公"条中有这样的注解:"佐平(百济爵名)。"卷三原宗兴法条曰:"新罗官爵凡十九级,其第四曰波珍飡……当充舍人(罗之爵有大舍小舍等,盖下士之秩也)。"《三国史记》卷四七《裂起传》曰:"愿加位沙飡。王曰:'沙飡之秩,不亦过乎?'"同书卷四〇《职官志》又将这些称为官衔。《高丽史》卷七七《职官志》"文散阶"条罗列了传自新罗的官名,称之为官阶。总之,古代朝鲜出现的这些官名,虽然最初都是实官实职,但以后逐渐演变成为表示阶层上下的名称。于是,各种各样的冠式被制定了出来,最终演变成了像中国的散官那样与实职脱离、仅用于区分上下位阶的称号。

一 高句丽的位阶制

三韩中高句丽的历史最为悠久,受到中国的影响也最为深刻。《三国志》卷三〇《东夷传》"高丽"条载:

> 其官有相加、对卢、沛者、古雏加、主簿、优台、丞、使者、皂衣先人,尊卑各有等级。

这些可能是遭受曹魏入侵而一时亡国之前的官名,但这些官名却一直流传到了后世,被复国以后的高句丽所继承。大约到了南北朝晚期,著名的十二等官阶已经形成。《隋书》卷八一《高丽传》记载了十二等官阶的具体名称:

> 官有太大兄,次大兄,次小兄,次对卢,次意侯(侯)奢,次乌拙,次太大使者,次大使者,次小使者,次褥奢,次翳属,次仙人,凡十二等。复有内评、外评、五部褥萨。

《北史》卷九四《高丽传》、《旧唐书》卷一九九上《高丽传》亦称其官阶为十二等。《周书》卷四九《高丽传》中将褥萨加在十二等之后形成了第十三等官,这明显是不妥当的。从《通典》来看,褥萨是地方官的名称,应当不在官阶十二等之内。

但是,《隋书》所载十二等官阶的名称和顺序必须和唐代张楚金《翰苑·蕃夷部》中的记载互相对着来读。[2]虽然文字较长,但还是有必要引用如下:

> 《高丽记》曰:其国建官有九等。其一曰吐捽,比一品,旧名大对卢,总知国事,三年一代。若称职者,不拘年限。交替之日,或不相祇服,皆勒兵相攻,胜者为之。其王但闭宫自守,不能制御。次曰太大兄,比二品,一名莫何罗支。次郁折,比从二品,华言主簿。次大夫使者,比正三品,亦名调奢。次皂

衣头大兄,比从三品,一名中里皂衣头大兄,东夷相传所谓皂衣先人者也。以前五官,掌机密,谋政事,征发兵丁,选授官爵。次大使者,比正四品,一名大奢。次大兄加,比正五品,一名缬支。次拔位使者,比从五品,一名儒奢。次高位使者,比正六品,一名契达奢使者,一名乙耆。次小兄,比正七品,一名失支。次诸兄,比从七品,一名翳属,一名伊绍,一名河绍还。次过节,比正八品。次不节,比从八品。次先生,比正九品,一名失元,一名庶人。

《通典》卷一八六"高句丽"条中的相关记载应当是据此删节而成的。《翰苑》所言建官九等,是从比一品到比九品,实际上应该是十四等。其中过节、不节(《通典》称"不过节")在《翰苑》中没有给出又名,这一点比较特别,《隋书》中也找不到与之相应的名称。除去这两阶外,其余十二阶大体都可以与《隋书》所载十二阶相比照。据以上资料可做成下表。

《翰苑》			《隋书》	备 考
比	名称	又名		
一品	吐捽	大对卢	4 对卢	《通典》称"捽昨没反"
二品	太大兄	莫何罗支	1 太大兄	《旧唐书》作"比正二品"

《翰苑》			《隋书》	备　　考
比	名称	又名		
从二品	郁折	（华言）主簿	6 乌拙	《日本书纪》天武天皇五年条称"有主簿"
正三品	大夫使者	谒奢	7 太大使者	《通典》作"太大夫使者"
从三品	皂衣头大兄	中里皂衣头大兄、皂衣先人	5 意俟奢	《三国史记》引《册府元龟》作"意俟奢"。《日本书纪》天武天皇二年条称"有位头大兄"
正四品	大使者	大奢	8 大使者	
正五品	大兄加	缬支	2 大兄	《通典》作"大兄"
从五品	拔位使者	儒奢	10 褥奢	《通典》作"收位使者"
正六品	高位使者	契达奢使者、乙耆	9 小使者	
正七品	小兄	失支	3 小兄	
从七品	诸兄	翳属、伊绍、河绍还	11 翳属	
正八品	过节			
从八品	不节			《通典》作"不过节"
正九品	先生	失元、庶人	12 仙人	《通典》作"仙人"

《新唐书》和《隋书》一样,将高句丽的官阶记作十二等。《新唐书》除了列出了第十阶过节这一官名外,在第十一阶先人之后,还能见到古雏大加的名号。这一官名与其说是《魏志》所见的古雏加,不如说太大兄更为合适,只是误放在了最后。除《新唐书》的古雏大加和《周书》的褥萨外,所有记录的最下位都是先人,这一点是一致的。但事实上先人之下似乎还存在着第十三阶的自位。《三国史记》卷四〇《职官志下》记载:

> 高句丽人位。神文王六年,以高句丽人授京官,量本国官品授之。一吉飡本主簿,沙飡本大相,级飡本位头大兄(大奈麻本?)从大相,奈麻本小相狄相,大舍本小兄,舍知本诸兄,吉次本先人,乌知本自位。

其中没有过节和不过节,从诸兄到先人是连续的,但先人以下还有自位这一官阶,这应当是不容置疑的事实。因此,除过节和不过节这两个临时性官阶外,高句丽最基本的官阶为十二阶,这也是为中国人所知的十二阶。而且,官阶还有继续向下延伸的趋势,到高句丽灭亡前夕,先人之下已经延伸出了自位这一官阶。

这些官名最初无疑是伴随着实职的,但到了末期,如同中国的位阶一样,变成了显示上下等级的标志。前引《翰苑》中继续载道:

> 又有拔古鄒(《通典》作"状古雏加"),掌宾客,比鸿胪卿,
> 以太大使者为之。又有国子博士、太学博士、舍人、通事、典
> 客,皆以小兄以上为之。……其武官曰大模达,比卫将军,一
> 名莫合逻绣支,一名大幢王,以皂衣头大兄以上为之。次末若
> (《通典》作"末客"),比中郎将,一名郡头,以大兄以上为之。

可见,官阶已经演变成了如同中国散官、日本位阶那样的身份等
级标志。

接下来应该考虑的是,其基本位阶被分为十二等,那么,十二
这个数字究竟只是偶然,还是有什么内涵呢?虽说这个问题最终
也不会有什么结论,但我还是认为,十二这个数字是为了使朝鲜
的位阶与中国的品阶制相对应而产生的。如果先说结论的话,这
就是高句丽的最高位对应中国的正四品,以下按从四品、正五品
依次类推,最后的先人就相当于从九品。至于为什么是从正四品
开始,因为正四品是大夫的品阶。

中国周边的所谓蕃夷君长,中国只给予诸侯的待遇。即使被
封为国王,其地位也低于中国的三公。而中国周边的国家无论是
否愿意,都不得不与中国保持密切的外交关系,更不可避免频繁
的使节往来。为此,必须事先制定好两国官吏地位的对照表。在
中国看来,各国君主只是作为皇帝臣下的地方长官,而他们的大
臣,自然也只能是地方长官的下属僚佐了。就高句丽而言,尽管
历代君主都因遣使朝贡被册封为高句丽王,但通常也同时被封为

辽东郡开国公。早在北魏世祖太武帝时期(423—452 年在位),高琏就被册封为辽东郡开国公、高句丽王,这个封号以后一直持续到北齐末年。此外也有加将军号和都督的,但时常会有变动。因此,中国给予高句丽的待遇有两项,一是辽东郡开国公,一是高句丽王。其中,王的爵号只是空名,无法与中国国内的封王相提并论,因此,中国给予的两大待遇中,实际上就只有辽东郡开国公了。依照北魏晚期的制度,开国郡公位于三公(太尉、司徒、司空)之下,列正一品官之末。在中国,一品到三品是公卿的地位。

而根据《通典》卷一八六"高句丽"条,高句丽王安在位时,"始置长史、司马、参军官"等臣僚。这里所说的高句丽王安,指的可能是故国壤王(384—391 年在位),高句丽的长史等名称,此后也散见于中国史籍,因此可以认为,高句丽的大臣在与中国交往时,往往采用中国式的长史、司马等官名。[3]

那么,辽东郡开国公的长史、司马,在中国职官制度中又处于一个怎样的地位呢?在北魏晚期制度中,正一品二大(大司马、大将军)、二公(太尉、司徒)的长史为从三品,同为正一品的司空,其长史与从一品将军、诸开府长史均为正四品官。辽东郡开国公位居正一品的司空之下、从一品的将军之上,其长史无疑应该是中国的正四品官。我还进一步认为,高句丽的位阶制,正是北魏至北齐时期在中国品阶制的影响下形成的。北魏至北齐时,是中国与高句丽之间相处最和平的时期,尤其是北魏时期,《通典》云:"初后魏时,置诸国使邸,齐使第一,高丽次之。"在往来如此频繁的时期,相互间的资格问题也必然受到格外重视,因此,高句丽必须建立起能与中国相对应的位阶制。但高句丽的大臣,无论是怎样的高官,都不可能享受中国四品官以上的待遇,因为即使是高句丽地位最高的官员,也不过是辽东郡开国公的长史而已。正四品以下就是大夫之位,公卿的僚属是不可能位居大夫之上的。我觉得,高句丽的十二级位阶就是从这儿来的。无论如何,以正四品为最高,以下依次对应从四品、正五品,到最后的从九品,刚好就是十二阶。中国官制中,从九品之下还有未入流的流外官,如果将流外也算入的话,那就是十三阶。上文提到的"自位",或许就是与中国流外相对应的第十三阶。高句丽的位阶制传到中国后,有人说它是十二阶,有人说它是十三阶,个中原因恐亦在此。但是,在高句丽国内,源自自身传统的位阶性官名则更多,其中哪些能够算入十二阶或十三阶,往往会有变动,并不固定。总之我认为,高句丽的十二阶或十三阶位阶制,不是高句丽独自发展而产生的,而是中国从外部给予的一个框架。

但是,外国也有外国的自尊心,也有民族主义。尽管外国君主向中国行藩属之礼,但在国内却暗中效仿中国的国家体制,建立起了自己的国家体制,于是就产生了表里不同的双重体制。高句丽的最高位大对卢,虽然于中国而言不过是正四品,但在国内则被称为正一品,这样的现象一点儿都不奇怪。其次的太大兄,于中国而言只相当于从四品,但在国内却是正二品。尤其是高句丽在隋末唐初击退了中国的军事进攻,国威大振,民族意识大增,或许正因为如此,一时间将国内体制比照为中国体制的做法较为盛行。《翰苑》和《旧唐书》称大对卢为比一品,这应该是高句丽亡国前势力最强大时的说法,当然,此时高句丽本身亦已完善与中国相同的从正一品到从九品的十八品阶亦未可知。《翰苑》等书中的"比"字终究还是中国一方的说法,高句丽本身应当是只说一品而不说比一品的。高句丽的十二等官阶均有相应的冠服,但具体情况已不可考。《隋书》卷八一《高丽传》称其"贵者冠用紫罗,饰以金银",《旧唐书》卷一九九上《高丽传》称其"衣裳服饰,唯王五彩,以白罗为冠,白皮小带,其冠及带,咸以金饰。官之贵者,则青罗为冠,次以绯罗,插二鸟羽及金银为饰"。《旧唐书》中的"青罗"应据《通典》改为"紫罗"。

二 百济的位阶制

百济和高句丽同为扶余种族建立的国家,文化上也深受高句丽的影响。从各种记录来看,百济的位阶分为十六等,除名称略有出入外,大体上没有什么太大的问题。如果一定要说有问题的话,那么这就是百济的十六等和高句丽的十二等之间存在着什么样的关系。

上文中我推测,高丽的位阶十二等有向下继续延伸的倾向,后期加上了相当于流外的自位,实际上成了十三等。这里我想指

出,百济的十六阶,根据各阶的服色,也可以分成十二等或十三等。《通典》卷一八五《边防》"百济"条载:

> 官有十六品:左平一品,达率二品,恩率三品,德率四品,扞率五品,奈率六品,以上冠饰银花。将德七品,紫带。施德八品,皂带。固德九品,赤带。季德十品,青带。对德十一品,文督十二品,皆黄带。武督十三品,佐军十四品,振武十五品,克虞十六品,皆白带。

《翰苑》所引《括地志》的记载文字与之基本相同,只是表示位阶时用第某等,而不用品字。《通典》和《翰苑》虽然没有写明衣裳的颜色,但《三国史记》卷二四《百济本纪二》"古尔王二十七年(260)正月"条中有置十六品的记载:

> 二月下令,六品以上服紫,以银花饰冠;十一品以上服绯;十六品以上服青。

将以上两种记载简单整理后就可以得出本文第三节后的表格。

也就是说,六品以上是大官,各自独立为一阶,即六阶。其次有服绯紫带(将德)、服绯皂带(施德)、服绯赤带(固德)、服绯青

带(季德)、服绯黄带(对德)、服青黄带(文督)、服青白带(武督、
佐军、振武、克虞)等七阶,共计十三阶。如果其中的文督因服青
而不单列,与以下合在一起的话,那么就是十二阶。这十三阶或
十二阶,应该是与高句丽的位阶相对应的,而最下位中包含了许
多官号,应该是受到了高句丽位阶向下延伸的影响。

　　日本在推古天皇十一年首次制定了冠位制,即大德小德、大
仁小仁、大礼小礼、大信小信、大义小义、大智小智,共十二阶,这
与高句丽、百济的十二阶之间存在着某种关系。尤其是日本与百
济渊源颇深,似乎能把大德比对为佐平,小德比对为达率,往下依
次类推。《日本书纪》卷二四"皇极天皇二年(643)"条中,有"以
小德授百济质达率长福"的记载,正与上文的推测一致。这是百
济位阶在日本获得的最高换算,换言之,是将对等的位阶不折不
扣地赐予了对方。当时的百济国力强盛,与日本关系良好。日本
的十二阶,在大化三年改成了十三阶,名称也变成了大织小织、大
绣小绣、大紫小紫、大锦小锦、大山小山、大乙小乙、建武等,我认
为大德小德相当于大锦,大仁小仁相当于小锦。因此,百济灭亡
后,日本朝廷赐予百济流亡者冠位时,大体不会超过大锦小锦。
尽管这样一来地位有所下降,但赐予大锦以上的确实很少见。
《日本书纪》卷二七"天智天皇四年二月"条载:

　　　　勘校百济国官位阶级,仍以佐平福信之功,授鬼室集斯小
　　锦下(其本位达率)。

同年"正月"条载：

> 是月，以大锦下授佐平余自信沙宅绍明（法官大辅），以小
> 锦下，授鬼室集斯（学职头），以大山下授达率谷那晋首（闲兵
> 法）、木素贵子（闲兵法）……

在百济国亡国、复兴、再亡国的动乱中，百济滥授官阶的情况
特别多，所以百济人流亡日本后，朝廷也没有直接赐予其相应的
官位。就连鬼室集斯的父亲鬼室福信，在本国的地位最初也不过
是恩率而已。但对百济王的子孙，赠位时例外地赐予了小紫位，
不用说，这是大锦上（大德）之上的位阶。《日本书纪》卷二九"天
武天皇"条载：

> 二年六月庚寅，大锦下沙宅绍明卒。为人聪明睿智，时称
> 秀才。于是天皇惊之，降恩以赠外小紫位，重赐本国大佐
> 平位。
> 三年正月，百济王昌成薨，赐此（"外"之误）小紫位。

三　新罗的位阶制

新罗的崛起比高句丽和百济均晚，其文化、制度的发展深受

两国的影响。新罗的位阶分为十七等,这在各种记载中都是比较一致的,其阶名都带有大小,无疑是受到了高句丽的影响。

关于新罗的位阶制度,《古代研究》第二期所刊曾野寿彦《关于新罗十七等官位形成年代的一个考察》已经给出了非常严密的考证。据此,新罗的官位,在南朝萧梁时期(普通二年,521 年)共有六阶:子贲旱支(伊伐飡)、壹旱支(伊飡)、齐旱支(迊飡)、谒旱支(阿飡)、壹告支(乙吉飡)、奇贝旱支(级伐飡)。此后,官位名称逐渐增多,从真兴王建立的四块碑文(561—568 年左右)上的扈从人员官衔来看,此时十七等的官阶似乎已经完备(十七阶名称参照文末表格)。

在这里,我想提出的一点问题是,在新罗官阶从六阶演变为十七阶的过程中,是否存在过与高句丽那样的十二阶、十三阶的时代?或者是只有十二阶、十三阶是被认可的位阶,而其余的官名都是职名?

据曾野寿彦的研究,真兴王碑上能够看到的官名总共十二个,少了后世十七阶中的第四阶波珍飡、第六阶阿飡、第十五阶大乌、第十六阶小乌、第十七阶造位,共五阶。我并不是想说这个十二就是我想要的数字,因为无论怎么看这里出现的十二都只是一个偶然的数字,很难想象既然有了大阿飡,为何没有阿飡?

其次可以想到的是,为南朝人所知的六等官阶如果全部分成上下两级,那么就刚好是十二阶。可是,这种机械性的现象,在现实中真的就存在过吗?记载中没有留下任何痕迹。我所思考的其实是以下这样一个事实：新罗制度中，从第一位的伊伐飡到第五位的大阿飡，都只能授予被称为"真骨"的王族成员，如果高位都被王族占领，那么会给对外交活动带来什么样的影响？在任何时代，确定外交使节的人选都不是一件容易的事，国内具有相当地位的门阀，一旦走出国门，就会变得毫无意义，所以，外交官必须基于人才主义的原则进行选拔。但前五位都被王族所占，从王族以外选拔上来的外交官就只能屈居第六位以下。如果这样的人担任外交使节，难免会被对方国家轻视，对新罗外交也极其不利。实际上据《三国史记》卷四《真平王记》的记载，新罗派往隋朝的朝贡使是第十位的大奈麻、第十二位的大舍，在对日外交中，奈麻级的使节也很活跃。在这种情况下，唯一的办法就是把高位的几个阶级合并成一位，这样一来，低位官员名义上的阶级也就随之提高，在对外活动中也就更加有利了。

基于以上考虑，我认为或许存在过将仅限于真骨的大阿飡以上各位被合成一位的时代，或者存在过将伊伐飡以下的四阶都称作大阿飡的时代。《高丽史》卷一、《高丽世纪》文末所见李齐贤的按语中说："窃谓新罗之时，其君称麻立干，其臣称阿干大阿干。至于乡里之民，例以干连名而呼之，盖相尊之辞也。阿干或作阿粲阔餐，以干粲餐三字其声相近也。"据此可知阿干（阿飡）、大阿干（大阿飡）是新罗最古老的对官人的称呼。

另外，《三国史记》卷二《讫解尼师今本纪》载：

> 二年春正月，以急利为阿飡，委以政要，兼知内外兵马事。
>
> 五年春正月，拜阿飡急利为伊飡。

这个叫急利的人，在阿飡的职位上已经行使了后来伊伐飡的职务，后晋升为伊飡。这个伊飡，当然就相当于后世的大阿飡。这虽然是很古的事，但就算到了后世，如《日本书纪》卷二五"孝德天皇大化三年（647）"条载："新罗遣上臣大阿飡金春秋等送博士小德高向黑麻吕、小山中中臣连押熊来，献孔雀一只、鹦鹉一只，仍以春秋为质。"这里的大阿飡金春秋，正是新罗太宗武烈王。金春秋虽然即位于654年，但据《三国史记》，其在善德女王时已是伊飡。而据《三国史记》卷五善德女王十一年（642）条载："遣伊飡金春秋于高句丽以请师。"金春秋至少在642年时已是伊飡，但在《日本书纪》647年的记事中却仍称其为大阿飡，这多少有些奇怪。有人认为金春秋来日本时隐瞒了自己的身份，但从史书的可信度上来考虑，我认为《日本书纪》的记述应该是对的。[4]如果《三国史记》中的"伊飡"不是后世的追记或误记，那么伊飡这一级就应该是包含在大阿飡中的一个等级。《三国史记》卷三八《职官志》载：

> 六曰阿飡，自重阿飡至四重阿飡……十曰大奈麻，自重奈麻至九重奈麻。十一曰奈麻，自重奈麻至七重奈麻。

其中就列举了一位之中还分成数等的实例,问题是这些不同等级应该单独算作一位呢,还是合起来算作一位? 如果可以把伊飡视为大阿飡中的一个等级,那么《日本书纪》与《三国史记》之间的矛盾就解决了。

《释日本纪》有如下一段:“奈麻礼之冠。《私记》曰: 按新罗国七位之冠。”奈麻礼即是奈麻,从大阿飡数起刚好是第七位。据此我们可以推测,确实存在过以大阿飡为第一位然后往下数的事实,这也正是日本的国学准确地传达着朝鲜古代史真实性的一个片断。

那么,与高句丽制度完全对应的新罗十三阶制度,又是从什么时候开始突然变成了十七阶制的呢? 要说十七这个数字是如何出现的,我想这依然出自中国的品阶数。中国的品阶尽管有多种算法,但其基本数字是九,分为正、从后,加倍变成了十八。将其对应为散官时,散官没有正一品,是从从一品开始算起的,因此除去正一品后还剩下十七阶。可以想象,新罗此前在应对高句丽时只需要十三阶,而现在是迫切希望站在平等的立场上与唐朝的品阶对应,从而以唐朝的正从九品制为新目标,制定了十七阶制。因此,使原先包含在第一位大阿飡中的伊伐飡、伊尺飡、迊飡、波珍飡分别独立,加上大阿飡形成了五位,以下按每四等下降一位,最终形成了十七阶。前五位从伊伐飡到大阿飡,是王族成员“真骨”才能占据的高位,与第六位的阿飡之间,在身份地位上有着很大的差距。阿飡和只多了一个“大”字的大阿飡之间,很难想象原来就存在这么大的差距。第一位的伊伐飡也称为角干,有时也可见加上“大”字的“大角

干",十七位加上"大角干",就成了十八阶,成了九的倍数。但关于
大角干,《三国史记》卷三八《职官志上》称:

> 大角干,太宗王七年,灭百济论功,授大将军金庾信大角
> 干,于前十七位之上加之,非常位也。

而且据史载大角干之上还有"太大角干",但这些都不是"常位",
所以不予计入,新罗的位阶应当还是十七阶。制定十七位阶的意
图在于对应唐朝的从一品到从九品,于是在和高句丽对应的时
候,下位都存在着一阶的错位。虽然日本的位阶制也是从正一品
开始的,但实际上正一品只有在特殊场合下才能授予。不仅是日
本,百济也将大佐平、上佐平视为十六等之外的位阶。在计算位
阶时,这些作为例外的位阶是否纳入到制度中去计算,由此就产
生了数字上的差别。

高句丽被唐军攻灭后,新罗煽动归唐的高句丽遗民反叛并收
留了他们,因此占据了大同江以南的土地。《三国史记》卷七"文
武王十四年(674)"载:

> 王纳高句丽叛众,又据百济故地,使人守之,唐高宗大怒,
> 诏削王官爵。

虽然唐军来势汹汹,但经过此后两年的战争,唐军败绩,新罗统一

半岛的大势已定。新罗神文王六年(686)对高句丽人的叙位,无疑就是论功行赏。以下这段史料前面已引用过,即《三国史记》卷四〇《职官志下》:

> 高句丽人位。神文王六年,以高句丽人授京官,量本国官品授之。一吉飡,本主簿,沙飡,本大相,级飡,本位头大兄。(大奈麻,本?)从大相,奈麻,本小相……(下表中带●印者)

也就是说,原高句丽主簿(郁折)授一吉飡,大概是太大使者的大相授沙飡,位头大兄(皂衣头大兄)授级飡,相当于大使者的从大相授大奈麻。这种现象非常值得关注。[5]此时的新罗应当已经施行了十七阶制度,为了招抚高句丽遗民,把之前曾经施行了很长时间的旧制对照表又原封不动地恢复起来,这也许是收揽人心的一种策略。这就像日本在收容百济移民时采取的措施一样,首先将百济的位阶与日本旧时的十二阶制进行对应,然后再将之换算成新的冠位制。将这一事实与《三国史记》所载日本对百济遗民授位之事进行对比,不难发现,给予百济移民的待遇是很高的。但在上引文章之下,对高句丽下级官员给予的优待完全超出了我的想象,其中的原因我虽不清楚,但这也许是在军功泛滥的时代,大乌、造位等位阶都已经贬值了的缘故。

我在前一篇论文中曾经指出,日本从推古冠位十二阶到大化十三阶的飞跃,并不只是一阶之差,而是增加了上六位与下一位,一共增加了七位,这显示了日本从三韩式体制向唐式体制的转变。一般认为,此时的日本完全接受了唐文化的影响,但事实上新罗也是一样,于是就产生了谁先谁后的问题。新罗的十七位阶制至迟在隋末时就已经形成,中国人知道新罗施行官位十七阶的事实,最早见于《翰苑》所引的《隋东藩风俗记》,唐太宗贞观年间由魏徵等人撰述的《隋书·东夷传》中也引用了这本书。新罗模仿中国改造自己的做法,与当时的日本完全一样,都是基于内政和外交这两方面的需求。

在内政方面,当时的新罗国力逐渐强盛,尤其需要军功赏赐,必须在高位中添加新的冠位,这种倾向在十七阶制形成后依然存在。首先在第一位的角干(=伊伐湌)之上又设了大角干,最初这是授予功臣金庾信的,后来又因为必须尊崇金仁问,于是将金仁问由角干升到大角干,同时又为金庾信设立了太大角干这一最高位。此时高官的数量已经很多,仅角干就有七个人(见《三国史记》卷六"文武王九年"条)。

外交方面的需求则不言而喻,就是希望获得与中国对等的地位。当然,这很难被承认,但也有必要为此做好准备。终于,新罗的十七阶制在外交上起到了作用。真德女王二年,身为第二位伊湌的金春秋到唐朝朝贡时,唐太宗给予了特别的优待,授予他唐正二品散官。虽然金春秋是真德女王身边最有权势的人,但此时尚受到前辈上大等伊湌阏川的牵制,还不是铁定的王位继承者。唐朝对金春秋的优厚,只是在当时国际关系上需要为征讨高句丽

而争取盟友的一种策略,在这种特殊的环境下,新罗的第二位伊
飡才能获得唐朝的认可,授予正二品散官。(下表中带＊者)

　　日本在推古天皇时期制定十二阶冠位,无疑是为了对应高句
丽、百济的位阶制,也许此时新罗施行的也是十二位阶制。而孝
德天皇大化三年(新罗真德女王元年、唐贞观二十一年、647年)
改十二阶为十三阶,此后的大化五年又制定了十九阶新冠位制,
其根本目的无疑是为了确立与唐朝的对等体制,但直接原因则很
可能是受到了新罗新制的刺激。

　　日本与新罗的外交关系向来非常紧张,对外交官的资格审查
也必须反复斟酌。《日本书纪》卷三〇"持统天皇三年五月甲戌"
条的记载就显示了其中的一个侧面,令人关注。

　　　　命土师宿祢根麻吕,诏新罗吊使级飡金道那等曰:"太政官
　　卿等,奉敕奉宣。二年,遣田中朝臣法麿等,相告大行(天武)天
　　皇丧。时新罗言,新罗奉敕人者,元来用苏判位,今将复尔。由
　　是法麿等不得奉宣讣告之诏。若言前事者,在昔难波宫治天下
　　(孝德)天皇崩时,遣巨势稻持等告丧之日,翳飡金春秋奉敕。而
　　言用苏判奉敕,即违前事也。又于近江宫治天下(＝天智)天皇
　　崩时,遣一吉飡金萨儒等奉吊,而今以级飡奉吊,亦违前事。"

266　　外交官的身份只要有一两阶的差异,就会因与前例不符而遭

受指责,引发外交事件。日本知道新罗的位阶制,在外交中不断将其与自己的位阶进行对照,这样的现象,在国学者中也有所传播。《释日本纪》卷一〇曰:

> 波珍干岐,《私记》曰:私说为新罗之爵级,当此国之正三位。

如果伊伐飡相当于从一位的话,那么,波珍干岐(即波珍飡)正好相当于正三位(下表中带〇者)。在外交上如此重视体面的行为,并不局限于日本与新罗之间,三韩之间、三韩与中国之间也是存在的。从某种角度上来说,正是因为存在着这样的事实,我的研究才得以展开。

无论是旧十三阶还是新十七阶,新罗都把品阶称作位,而不称品。在新罗,品字用于著名的"骨品制",这个称呼类似中国的姓氏。新罗在日常中是否将伊伐飡就称作第一位,造位就称作第十七位?这还没有确凿的证据,但《释日本纪》卷一一有"伐旱一位,然则先三也位,今为一位也"的记载,将伐旱(伊伐飡)直接称为一位,这条记载提示我们新罗或许会用数字来直接称呼十七阶官。各阶的名称用的都是新罗语,这不仅说明新罗的民族意识增加,也不难看出其对唐朝的顾虑。[6]在大国面前,小国常常会出现这种矛盾的两面性。

日本在推古朝制定冠位时,不称冠品而称冠位。在《大宝令》以后的令制中,品字的使用只限于亲王,授予诸王诸臣的是位。这种现象可以视为日本在不知不觉中受新罗制度影响的一种表现。

另外,朝鲜设立相当于正一品的官位,要晚至统一新罗王朝灭亡,进入王氏高丽以后,这已经是很久以后的事了。《高丽史》卷七七《职官·文散阶》载:

> (忠烈王)三十四年。忠宣又改官制,始正置一品,曰三重大匡,从一品曰重大匡,正二品曰匡正大夫。

可知在这一年(1308)之前,官阶中还没有正一品,而是从从一品开始的。

与新罗十七阶相匹配的服色虽不能详知,但《三国史记》卷三三《杂志第二·色服》中依然留下了一些片断的记载:

> 法兴王制。自太大角干至大阿飡,紫衣,阿飡至级飡,绯衣,并牙笏。大奈麻、奈麻,青衣,大舍至先沮知,黄衣。
>
> 伊飡、迊飡,锦冠。波珍飡、大阿飡,衿荷绯冠。上堂大奈麻、赤位大舍,组缨。

可见有紫衣、绯衣、青衣和黄衣四类,紫衣中又有锦冠和绯冠之别。

现按以上论述,将新罗十七阶、百济十六阶及日本、中国的位阶、品阶制成下列《日本、三韩、中国位阶对照表》。

日本、三韩、中国位阶制对照表

（带＊○▲●符号的位阶是支撑本文学术观点的依据）

中国	高句丽	百济	新罗（官等）	新罗	日本 推古十一年(603)	日本 大化三年(647)	日本 大宝元年(701)
正一品						大织（服深）	正一位
从一品				伊伐飡(一位)（锦冠）		小织	从一位
＊正二品				＊伊尺飡(二位)（绯冠）		大绣	正二位
从二品	（国王·辽东郡开国公）			迊飡(三位)（紫衣）		小绣	从二位
正三品				○波珍飡(四位)		大紫（服浅紫）	○正三位
从三品				大阿飡(五位)	大德（紫冠·紫衣）	小紫	从三位
正四品	大对卢(一品)	佐平(一品)	大阿飡	阿飡(六位)（绯衣）	▲小德	大锦（服绯）	正四位
从四品	太大兄(正二品)	▲达率(二品)	阿飡	一吉飡(七位)	大仁（青冠·青衣）	小锦	从四位
正五品	●郁折(从二品)	恩率(三品)（服紫）	●一吉飡	沙飡(八位)	小仁	大青	正五位
从五品	大大使者(正三品)	德率(四品)	沙飡	级伐飡(九位)	大礼（绯冠·绯衣）	小青（绀）	从五位
正六品	●皂位头大兄(从三品)	捍率(五品)	●级伐飡	大奈麻(十位)（青衣）	小礼		正六位
从六品	大使者(正四品)	奈率(六品)	大奈麻	奈麻(十一位)	大信（黑冠·黑衣）		从六位
正七品	大兄(正五品)	将德(七品)（服绯）	奈麻(七位)	大舍(十二位)（黄衣）	小信		正七位
从七品	收位使者(从五品)	施德(八品)	大舍	舍知(十三位)			从七位

（续表）

中国	高句丽	百济	新罗	推古十一年(603)	大化三年(647)	大宝元年(701)
正八品	小使者(正六品)	固德(九品) 服绯 赤带	舍知 吉士(十四位) 衣 黄	大义 白冠白衣	大黑 服	正八位
从八品	小兄(正七品)	季德(十品) 青带	大乌 大乌(十五位)	小义 白衣	小黑 绿 服	从八位
正九品	诸兄(从七品)	对德(十一品) 黄带	小乌 小乌(十六位)	大智 黄冠黄衣		大初位
从九品	仙人(正九品)	文督(十二品) 服青	造 造位(十七位)	小智 黄衣		
流外	自位	武督(十三品) 佐军(十四品) 振武(十五品) 克虞(十六品) 白带	位		建武	小初位

日 本

四　高丽王朝的位阶制及其他

新罗统一王朝的末期,再次出现了以高丽、百济为名的独立势力,朝鲜半岛一度进入新的三国时代。其中以复辟高丽为名的弓裔,把新罗的官名全部作了更改,却因难以理解而遭到恶评。因此,新高丽王朝太祖王建即位后,很快便作出了改变,再次恢复新罗制度。《高丽史》卷七七《职官·文散阶》载:

> 国初官阶不分文武,曰大舒发韩,曰夷粲,曰苏判,曰波珍粲,曰韩粲,曰阿粲,曰一吉粲,曰级粲,新罗之制也。

上述官阶,只是在前面加上了大舒发韩(大伊伐飡、大角干),以下和新罗的十七阶完全一致。同书继续写道:

> 寻用大匡正匡、大丞大相之号。成宗十四年,始分文武官阶。

以上可以视为高丽王朝官制的第二期。第二期制度的详细情况难以知晓,我想在后世的乡职中应该有某种程度的残存。《高丽史》卷七五《选举志三》载:

271

　　乡职。一品曰三重大匡、重大匡,二品曰大匡、正匡,三品
　　曰大丞、佐丞,四品曰大相、元甫,五品曰正甫,六品曰元尹、佐
　　尹,七品曰正朝、正位,八品曰甫尹,九品曰军尹、中尹。

其中的若干官名,确实是开国之初的高官名号,如后百济的甄萱
投降高丽后曾被任命为佐丞。

　　大匡、正匡系统的官阶至忠烈王三十四年,当时的太子、此后
的忠宣王对之进行了改订,忠宣王即位后的第二年再次改订了从
正一品到从九品的散官名号。除最初几个仍保留了大匡、正匡的
名称外,以下使用大夫、郎等中国式的名号,外观上几乎全部模仿
宋朝。

　　总的来说,三韩位阶制与其他文物制度一样,始于高句丽,然
后传入百济和新罗,又从高丽、百济传入了日本。但是,这样的传
播路线并不是单一的,其中包含了许多源自中国的制度,而且随
着时代的推移,来自中国的影响越发明显。

　　高句丽与中国接触也是最早最深的,在政治制度的建设上,
也应受到中国的压力而无法直接翻译并使用中国的制度。但到
了更远的地方之后,不仅能直接移植中国的制度,甚至可以肆无
忌惮地模仿,建设中国式的朝廷。在建立与中国相似的制度方
面,新罗胜于高句丽,日本又胜于新罗。但这并不是说日本的民
族意识最为淡薄,事实上正好相反,日本的自尊心是最强的。这
272　种乍看之下矛盾的现象,我想是源自力量上的对比。

离中国最近的国家,不得不考虑建立对中国称藩、对内独立的双重体制。若不在某种程度对中国做出体面上的让步,就难免遭到讨伐。但对于国内而言,君王若不具备绝对的尊严,那他的统治也就难以维持,因此,在对内、对外的政策上出现了严重的背离。

但到了更远的地方,这种双重体制的必要性就显得淡薄了。日本就已经没有了里外之分,从里到外都是作为一个与中国对等的国家展开外交的,于是出现了称隋朝皇帝为天子,自称"东天皇",触怒唐使高仁表使其愤然离去等多起外交事件,其原因都在于此。这样的事件如果发生在朝鲜半岛,则很可能马上就会引发战争。因此,日本在外部的压力下能有自由解放之感,并为独立的制度和文化的发展提供空间。虽然日本的制度也曾酷似中国,但那是自主选择的结果。而选择抛弃,另取其他的时候,同样也是自主选择的结果。

所以,宋朝以后,朝鲜高丽王朝的制度在中国的强大影响下不得不出现中国化的趋势,与此相反,日本则在所谓的律令制度崩溃后,形成了完全不同的武家体制,出现了与之前截然相反的现象。虽然表面上看是相反的,但一以贯之的是两者之间力量上的对比。

结　　语

最近经常使用"世界史发展规律"一类的词汇,但这样的规律

真的存在吗？即使真的存在,如果只是一个被抽象出来的东西,
在实际的历史学研究中恐怕是难以发挥其作用的。可以这么说,
现实就是先进国家的发展道路,一刻不停地被与之接触的后进国
家引为法则。先进国家不外乎是整体的代表者,而后进国家则因
离开整体而落后于整体,并且想努力追赶整体。这就出现了个体
进化的反复发生促使整体进化那样的关系。不同的是,历史上的
国家、地区和民族都不是个体,与生物学不同,它们并不是只靠内
部的力量促使其成长,而是在历史上不停地应对外界力量,不断
地改变方法而向前发展的。之所以存在着文化交流史,其原因就
在于此。生物学上没有个体进化与系统进化之间的交流史,而交
流史正是历史学最本质最重要的一部分。我的这篇考证,正如前
文所说,在历史史实的考证上也许没有任何结论,但将朝鲜古代
三国的位阶制与中国、日本进行比较,通过综合考察,探讨了不同
的国家在位阶制这一问题上,面对国内政策和外交政策,是站在
一种什么样的立场上来吸收并加以改造的。高句丽对来自中国
的压力感受最深,在外交政策和国内政策上的矛盾也最为突出。
高句丽也不得不承认,本国的一品官对中国而言只是正四品,这
种尖锐的矛盾,最终导致了高句丽的灭亡。百济作为一介小国,
势力远不如高句丽,而且还有来自日本和新罗的不断威胁,因此,
除模仿高句丽的做法外别无选择,所以它的位阶制几乎就沿袭了
高句丽的官制。尽管如此,在有些方面它依然在努力赶超高句
丽,这从在与高句丽吐捽对应的达率之上又设置了佐平(佐平之

注释：

1. 今西龙：《新罗史研究》，末松保和：《新罗史的诸问题》，曾我部静雄：《位阶制度的形成》（《艺林》四之五）、曾野寿彦：《关于新罗十七等官位形成年代的考察》（《古代史研究》第二，《东京大学教养学部人文学科纪要》第五）。最近，在朝鲜研究会发行的《朝鲜研究年报》第一号中，李达宪、三品彰英两人编译并介绍了金哲埈的《高句丽、新罗官阶组织的形成过程》一文。

2. 关于《翰苑》。唐朝张楚金的《翰苑》虽已散佚，但该书最后第三十卷《蕃夷》部分传到了日本，现被复制成《京都大学文学部影印唐抄本》第一集，铅印本则被收入《辽海丛书》第八集，并附有内藤湖南博士的跋文。该书的撰著时代在唐高宗显庆五年（660）之后不久。此外，《通典》卷一八五《东夷部》对《翰苑》的相关内容也多有摘录。

上有时还有大佐平）这一点上就不难看出。当四周的均势被打破，作为前辈的高句丽灭亡后，百济也几乎同时走向灭亡。相反，新罗远离中国，起于偏僻之地，夜郎自大的独立之心非常旺盛。其位阶制起初原封不动地采用了高句丽的十二阶制，但渐渐感觉到这样的制度比不上中国，于是又比照中国制度重新建立了新的体制，在高句丽、百济的十二位阶之上再加五阶，形成了十七阶制。尽管新罗起初与唐朝联合灭亡了高句丽和百济，但强烈的民族意识促使他们很快就利用唐朝在半岛的失利，鸠集高句丽、百济遗民，成功地统一了半岛的大部分地区。

日本起初主要是为了与高句丽和百济的交往，参照高句丽制

注释：

3. 关于高句丽长史。据《宋书》卷九七《东夷传》，高句丽王高琏派往中国的使者均称「长史」。晋安帝义熙九年（413）所遣长史为高翼，宋少帝景平二年（424）所遣长史为马娄，世祖孝建二年（455）所遣长史为董腾。或许中国对高句丽的这些使者不会给予长史以上的待遇，因此，只能称其为长史。这些长史在高句丽国内的身份不明。不过，对于与中国接壤的各国来说，与中国的外交关系到国家的命运，做梦也没有想过能像远隔重洋的日本那样随心所欲。每年按例派遣的使臣，其身份可能不是重要问题，但一旦面临重大外交转机的时候，高句丽就会派出国家重臣出使中国，有时甚至连国王自己都会亲自前往。隋朝屡次要求高句丽王宝藏亲自入朝，但高句丽都没有答应。但进入唐代以后，高句丽即派出太子福男入贡。新罗文武王时，为与唐结成同盟联合对抗高句丽，王弟大角干金仁问入唐并留在了唐朝。当然，有时候中国也需要根据不同身份接待他们。关于百济，《隋书·百济传》载：「开皇十八年，（百济王）昌使其长史王辩那来献方物，属兴辽东之役，遣使奉表，请为军导。」这里的长史自然是用中国的叫法称呼某个百济的官名，可能是佐平级别的人物。因为在随后的大业三年，同样的外交来往派遣的是佐平。《隋书》中接着称：「其年（大业三年），又遣使者王孝邻入献，请讨高丽，炀帝许之。」据《三国史记》卷二七《百济本纪》「武王八年」条称王孝邻是一品官佐平。」因此，高句丽派往中国的朝贡使中，有大对卢级别的人物使用了长史之名，这样的推测完全可以成立。

度制定了冠位十二阶。十二这个数字与三韩是共通的，用大小来表示差等，也见于高句丽制度之中。只是日本的位阶在外观上更加整齐，而且以五德来命名，从一开始就如同"冠位"这个名称所显示的那样，是脱离实际职务的、仅表身份高低（位阶）的一种制度。换言之，它不是自然发生的，而是因受到外界的刺激，并为应对这样的刺激而骤然制定的。此后，当与中国开始直接交往后，

注释：

4. 关于金春秋的位阶。如注5所引，据《日本书纪》卷三〇「持统天皇三年五月甲戌」条，此前向新罗报孝德天皇丧时（654），新罗接受敕书的是翳湌（伊湌）金春秋，而这一年正是新罗真德女王去世、金春秋被众人拥戴为王的一年，与金春秋作为伊湌的两条记录吻合。

5. 关于大相的名称。大相这一名称还见于后世高丽王朝的位阶名和乡职名中。日本的记录中也出现过这一名号。《日本书纪》卷二七、二九中有这样的记录：天智天皇十年（671）「正月丁未，高丽遣上部大相可娄等进调」、天武天皇八年（681）「二月壬子朔，高丽遣上部大相桓父、下部大相师须娄等朝贡」。此时高句丽已经灭亡，应该是来自新罗扶植的高句丽傀儡政权的使者。高句丽有「使者」和「兄」两套官名系统，这里用「相」字代替了使者。兄也成为「兄加」或「加」，《三国志·魏志》中的「相加」，也许应该释读作「相」和「加」两个官名。

日本朝廷感觉到了自己既有的冠位制度是东夷式的制度，是拿不上台面的乡野之制，于是有必要直接以中国为范本，建立起更加高尚的制度，进而与新罗抗衡。正是在这样的意识下，孝德天皇①于大化三年制定了新制。由于旧制中的大德只相当于中国的正四品，也就是大夫之位，所以，在新制中加上了从大织到小紫六阶，比照中国制度中的公卿之位，将大织比照为唐朝的正一品。《大宝令》制定后，大织之位就成了正一位的位阶，离唐制又更近了一步。新罗的官阶，从从一品开始往下的十七阶，虽然很明显是比照唐朝的散官，但名称用的都是新罗语。上文也已经推测，

① 原著误作"皇德天皇"。

注释：

6. 关于唐对新罗的态度。据《三国史记·新罗本纪》可知，即使在对唐友好时期，新罗也不断因礼仪上的问题遭到唐朝的干涉。真德女王二年，唐朝诘问新罗为何使用自己的纪年。三年，新罗改服唐朝衣冠。四年，改用唐朝的永徽年号。神文王十二年，新罗因称金春秋为太宗而遭到唐朝责问，因为「太宗」是李世民的庙号，虽然新罗坚持说太宗是谥号，但金春秋的谥号是武烈王，太宗明显是庙号，只是不能明说而已。但是，随着时代的改变，政策也在不断变化着，进入高丽王朝后，无论称何祖何宗都不再遭中国责难。外交礼仪上的问题，如果你把它当作一个问题，那么便剪不断理还乱，如果你不把它当作一个问题，那也就完全不是什么事了。

目的也许在于自我标榜夷制，以防被中国指责僭越，而日本在这方面可就大胆多了。

我在之前的论文中，只是把大化年间的冠位制度改革理解为日本对唐朝的应对态度，现在通过对朝鲜位阶制度的研究，发现这样的先例在新罗就已经有了。结果，日本位阶制度的形成，正如畏友曾我部静雄教授已经指出的那样，必须放在始于高句丽，经由百济、新罗而到达日本的这一源流中去考察。这一事实最直接的表现就是位阶的数字。高句丽为十二阶或十三阶，百济为十六阶，新罗是十七阶，越是后进的国家，其位阶等级就越多。数字的增加必定有其增加的理由。日本最初是十二阶，后来是十三阶,忽然又变成了十九阶,甚至二十六阶,这样的增加也必定有其理由。撰写这篇论文的目的就是想说明这些理由,从而对各国在外交上的立场和态度展开考察。虽然这样做很有趣,但学者们似乎不喜欢这样的做法。而且如我最初所声明的那样,这是一个没有结论的问题。如果大家觉得我只是在说些梦话,那我也只能表示无奈。倘若真被这样说的话,那我倒希望有更多的人去思考我的这些梦话,世界史就是通过这样的累积而逐渐形成的。

原载《朝鲜学报》第十四辑,1959 年 10 月